Willi Wottreng **Farinet**

Skizze eines Maschinenteils für
die Prägung von Münzen, gezeichnet
von Farinet oder einem Komplizen.

«Alles ist falsch in diesem Jahrhundert;
wir hatten schon die falschen Zähne,
die falschen Haare,
die falschen Prinzipien
und nun das falsche Gold.»

(Die Zeitung «Ami du Peuple»
18. April 1880, am Tag nach dem Tod Farinets)

Willi Wottreng

Farinet

Die phantastische Lebensgeschichte des
Schweizer Geldfälschers, der grösser war tot als lebendig

Mit Fotos von Urs Walder

orell füssli Verlag AG

Gedruckt mit Unterstützung
des Kantons Wallis

Le Canton
du Valais
encourage
la culture
Der Kanton
Wallis
fördert Kultur

und der Ulrico Hoepli-Stiftung, Zürich

Vollständig neue Fassung des 1995 im Heuwinkel-Verlag, Carouge / Neu-Allschwil
erschienenen Buches von Willi Wottreng: «Farinet. Die phantastische Lebensgeschichte
des Walliser Geldfälschers Joseph-Samuel Farinet ...»
Fotos: Urs Walder. Landkarte: Daniel Marti.

Umschlagabbildung: Urs Walder
Umschlaggestaltung: Andreas Zollinger, Zürich
Druck: fgb • freiburger graphische betriebe, Freiburg

ISBN 978-3-280-06113-8

Bibliografische Information der Deutschen Bibliothek:
Die Deutsche Bibliothek verzeichnet diese Publikation in der Deutschen
Nationalbibliografie; detaillierte bibliografische Daten sind im Internet
abrufbar über http://dnb.d-nb.de

Inhalt

Für Gertrud Germann, deren Gold immer echt ist

Vorwort

Freiheit! Das grosse Wort kommt in den Briefen Farinets nicht vor. Es sind Spätergeborene, die ihn zum Freiheitshelden stilisiert haben. Dass Farinet Ideale hatte, kann bezweifelt werden. Ein paar schöne Vorstellungen ausgenommen, war der berühmteste aller Schweizer Geldfälscher weder Sozialrevolutionär noch Heiliger. Nicht einmal ein gesottener Anarchist. Der da im selben Jahrzehnt auf die Bühne der Walliser Lokalgeschichte trat, in dem das «Kapital» von Karl Marx veröffentlicht wurde – Ende sechziger Jahre des 19. Jahrhunderts erschien Band I –, interessierte sich für die aufkommende Geldwirtschaft nur aus praktischen Gründen. Dem Gesetz galt er ohnehin als Krimineller.

Er war Feinmechaniker, Unternehmer und Volksfreund, so sahen es jedenfalls manche damals. Und er bewies Pioniergeist. Er hat versucht, in einer verarmten Region eine neue Maschine einzuführen, die Geldprägemaschine, und damit eine zukunftsträchtige Industrie zu erschliessen. Er ist damit gescheitert. Erst das Scheitern macht ihn zum Utopisten.

Aus praktischen Gründen war er Internationalist. Von Nationalität her Italiener, suchte er während Jahren immer wieder in der Schweiz Zuflucht. Er war ein Grenzüberschreiter, was jeder Zöllner im Dreieck Schweiz, Frankreich, Italien bestätigen konnte. Aber auch ein Grenzgänger zwischen Legalität und Illegalität. Zwischen gesellschaftlicher Ordnung und Randständigkeit. Und zwischen Leben und Tod. Die Unterwalliser, die sich selber lang am Rand sahen in einer wenig geliebten Schweiz, haben ihn zum Ihren gemacht.

Es waren vor allem der grausame Tod und dessen mysteriösen Umstände, welche die Menschen erregen sollten. Nach dem Tod fuhr Farinet in den Himmel auf. Nicht in den Himmel des Glaubens, aber in den der Literatur und der Legenden. Mir scheint dies nicht der passende Ort für ihn. Dieses Buch möchte beitragen, ihn, wenn nicht zur Hölle zu schicken, doch wieder auf den Boden der Realität hinabzuholen.

Die Geschichte des Grenzgängers Joseph-Samuel Farinet wird denn auch präzis auf Grund von Quellen erzählt. Keine Pinte ist vom Autor erfunden worden und kein Tanzanlass.

So originalgetreu die Geschichte präsentiert wird, so arm an Sinn ist sie. Wie es Farinets Leben ohne die Interpretationen durch Volkslegende und Dichtung gewesen wäre. Von den «Amis de Farinet» – den Farinet-Freunden im Unterwallis – habe ich denn auch wiederholt gehört: «Farinet war grösser tot als lebendig.»[1] Diese Auffassung teile ich; nicht mit dem Gedanken, Farinet zu erhöhen allerdings, sondern dem mediokren Farinet der Wirklichkeit nachzuspüren.

Die historische Farinet-Geschichte lehrt uns nichts. Sie enthält keinen Aufruf zum Widerstand und keine Denunziation der Gesetzlosigkeit. Sie enthält keine Moral. Und sie geht schlecht aus. Doch gibt sie einen Einblick in Zeiten und Mentalitäten. Eine Schweizer Geschichte eben um Geld und um mögliche Abkürzungen hin zum kleinen Gewinn.

Willi Wottreng, 2008

I. Verhaftet

Ein musikalischer Vogel

Als die Gendarmen beim Haus ankommen, um es zu durchsuchen, finden sie den Hausbesitzer, er ist Schankwirt und Kleinhändler, in einem Hinterraum. Er ist gerade dabei, Medaillons von Heiligen zu vergolden. Das erweckt zwar Zweifel, der Untersuchungsrichter aber hat von einem Geldfälscher gesprochen, der sich da aufhalten soll. Dieser wird nicht angetroffen.

Nicht nur ein Gerücht hat den Untersuchungsrichter aus Martigny im Unterwallis veranlasst, seine Leute am 15. Dezember 1869 ins Bagnestal zu schicken, um im Ort Champsec nachzuschauen. Der Richter hat angefangen, ein feinmaschiges Netz um einen Mann zu spinnen, der als Joseph-Samuel Farinet aktenkundig ist.

Richter Louis Gross, 36-jährig, ist ein feinfühliger Mensch. Er hat früher Gedichte geschrieben und sich dadurch einen Platz in der Literaturgeschichte des Unterwallis gesichert:

«Betrachtet diesen schwarzen See, und wie weisse Pyramiden,
die grossen Berge, in seinen tiefen Spiegel gezeichnet,
und unter den glänzenden Wellen die feuchten Sterne,
wie der Goldsand eines Ozeans ohne Grund.»[2]

Der Gesuchte hätte derartige Stimmungen gewiss nachvollziehen können.

Als Romantiker ist Gross aber auch empfänglich für die Idee des Absoluten: Er glaubt an das abstrakte Recht, in dessen Dienst er sich stellt: Dem ist Nachachtung zu verschaffen! Plötzlich hat Louis Gross zu schreiben aufgehört und waltet nur noch als Jurist. Die

Verfolgung dieses Geldfälschers wird sein bedeutendster Fall werden. Sein Einsatz wird ihm Anerkennung eintragen. Die nach seinem Tod herausgegebene Gedichtsammlung ist mit einem Begleitwort aus der Feder des Chefs der kantonalen Justiz- und Polizeidirektion bereichert: Henri Bioley. Doch das Ende der Jagd hat der Dichter-Anwalt nicht erleben dürfen.

Das Beizengeschwätz verkündet bereits, dass sich zwei Männer im Val de Bagnes aufhielten, deren Tätigkeit nicht auf das übliche Schmuggeln von Salz oder Tabak beschränkt bleibe. (Das Val de Bagnes ist ein Seitental im Unterwallis, hinter Martigny Richtung Italien ausgreifend. Siehe die Landkarte auf Seite 150.)

Einer der beiden Männer ist dieser Farinet: ein Italiener, der französisch spricht mit dem Akzent seines Heimattals. Er soll – wie der Gemeindesekretär von Bagnes, Maurice Pellouchoud, später erzählt – «ein hübscher Junge» sein, der die Abendunterhaltungen besucht, Grosszügigkeit beweist, den Mädchen und den jungen Männern zu trinken zahlt, und dies, «ohne unter letzteren viel Eifersucht hervorzurufen, wohl aber unter den Mädchen», da jede die Bevorzugte sein wolle. Der junge Italiener steche die Hiesigen aus mit «seiner Grosszügigkeit und seinen netten Manieren».[3] Im Unterschied zu den Einheimischen im Wallis aber trinkt er keinen Weissen, sondern bestellt jeweils ein Glas Rotwein.

«Er konnte Geige spielen», wird ein Urenkel Farinets, der Bergbauer Albino Mochettaz[4], erzählen, als ich ihn besuche. «Und nicht nur, indem er das Instrument wie üblich mit der linken Hand vor sich hielt, sondern auch von hinten, indem er es über die Schultern auf seinen Rücken stützte.» Sein grosser Vorfahr habe nicht bloss an der Fasnacht aufgespielt, wo Tanzen erlaubt war, sondern fast lieber im Laufe des Jahres, wenn es verboten war. «Und wenn der Priester ihm die Geige wegnahm, fabrizierte er einfach eine neue.»[5]

Verdächtige Zwanzigräppler

Die Hausdurchsuchung bleibt erfolglos. Louis Gross ahnt nicht, dass Farinet sich nur zweihundert Schritte weiter oben in einem andern Haus niedergelassen hat, so wie ein Vögelchen auf den nächsthöheren Ast hüpft, wenn die Krallen der Katze ihm zu nahe kommen. Erneut wird das Gerücht laut, in einem Haus wohne ein Verdächtiger, von dem man nicht wisse, was er den ganzen Tag tue. Nach einem Streit mit seinem Gast läuft der Hausbesitzer direkt zum Bezirkspräfekten.* Der veranlasst eine weitere Durchsuchung.

Die erneut ausgerückten Gendarmen erfahren, dass der Fremde seit ein oder zwei Tagen abwesend sei und seine Miete nicht bezahlt habe. Bei der Hausdurchsuchung, die dennoch vorgenommen wird, finden sich interessante Sächelchen. Da sind zwei kleine Bleiplatten, deren eine in der Mitte ein Loch aufweist, während die andere den Abdruck des Randes einer 20-Rappen-Münze zeigt. Und zwei Kupferblätter mit der Einprägung je einer Seite eines 50-Rappen-Stückes. Im Weiteren finden sich mehrere Schlüssel sowie eine etwas amateurhaft fabrizierte 1-Franken-Münze und ein 10-Rappen-Stück. Da hat sich offenbar einer von der Überzeugung leiten lassen, dass Handwerk goldenen Boden hat.

Die Gendarmen vernehmen noch, dass sich der Flüchtige in einem Nachbardorf befinde. Auch dort ist er indes schon wieder weg. Dann verläuft sich die Spur im Nebel. Die erste Untersuchung einer Walliser Justizbehörde gegen den, der später nur noch Farinet heisst und der die Behörden so sehr beschäftigen wird, verläuft ohne konkretes Resultat.

Doch Farinet muss in der Gegend geblieben sein. Gefälschte 20-Rappen-Münzen, die in Umlauf kommen, sind das Zeichen seines Wirkens.

* Der Präfekt ist eine Westschweizer Einrichtung nach dem Vorbild der Französischen Revolution, eine Institution mit weitreichenden Verwaltungskompetenzen.

Am Jahrmarkt im November 1870 beginnt sich die Schlinge zuzuziehen. Wie immer sind im Marktstädtchen Martigny neben viel bravem Volk auch Ganoven unterwegs und Gendarmen auf der Jagd nach Ganoven. Und bei dieser Gelegenheit kommt dem Untersuchungsrichter Gross zu Ohren, dass der Gerber und Fellhändler François Frachebourg einen Kauf über 80 Franken abgeschlossen hat, den der Fellhändler mit lauter 20-Rappen-Stücken – in Rollen gewickelt – beglichen hat.

Die polizeiliche Maschinerie setzt sich in Bewegung. Ist das nicht derselbe Frachebourg, der einmal vom tüchtigen Gendarmen Caillet-Bois angehalten worden ist? «Ich sah François Frachebourg kommen» – berichtet der Gendarm –, «der einen Zollschein für zwei Rollen weissen Metalles vorwies, und fragte ihn lachend: ‹Produzierst du damit falsches Geld?›» Frachebourg habe erwidert, er verkaufe es an Kunden im Aostatal, die damit Schmuggel betrieben. Eine Erklärung, mit der sich Caillet-Bois zufrieden gab.[6]

Ein ehrbarer Schmuggler

Louis Gross ordnet bei mehreren Postämtern eine Postüberwachung an. Als verdächtige Adressaten gelten nebst dem Gerber François Frachebourg die Ofenbauer Jean-Pierre Cretton und Louis Luisier, auch diese beiden wohnhaft im Hause Frachebourg in Martigny-Bourg, einem politisch selbstständigen Vorort Martignys auf der Route zum Grossen St. Bernhard.

Wenig später meldet der Posthalter von Martigny-Ville, dass in seinem Büro zwei Briefe aus dem benachbarten Aostatal lägen – vom Unterwallis aus gesehen hinter dem Grossen St. Bernhard und zu Italien gehörig. Sie seien adressiert an François Frachebourg. Und in den gleichen Tagen bringt die Tochter des Ofenbauers Luisier einen Brief zum Abstempeln, adressiert an eine Person in der Gemeinde Saint-Rhémy im Aostatal; sie bezahlt mit einer grünspanigen 20-Rappen-Münze.

Im Aostatal selber wird ein vierter Brief aufgefischt. «Mon cher frère», beginnt er. Er stammt aus der Feder des gesuchten Joseph-Samuel Farinet und ist gerichtet an seinen Stiefbruder Placide. Nachdem er verurteilt worden sei durch ein Gericht im Aostatal wegen eines Gelddiebstahls, den er nicht begangen habe, habe er – der Schreiber – im Walliser Bagnestal ein Haus gemietet, um daselbst zu «arbeiten».[7]

Unter «arbeiten» mag ein unbefugtes Auge «schmuggeln» verstehen, und das ist ein ehrenhafter Broterwerb, zumindest in den Augen der ansässigen Bevölkerung. Zur kriminellen Tätigkeit ist das Schmuggeln nur in den Augen einiger modernistischen Politiker geworden, die mit den entstehenden Nationalstaaten ein einheitliches Staatsterritoriums schaffen, auf diesem Territorium ein einheitliches Strafrecht einsetzen und um das Ganze die Staatsgrenze legen wollen. Diese Bestrebungen fallen etwa mit Farinets Jugendjahren zusammen. Geschmuggelt wird weiter: Das Verpacken der Schmuggelgüter erfolgt oft in aller Öffentlichkeit, auf den Hauptplätzen der Dörfer an den grossen Trampelpfaden über die Alpen.

Der Weg über den Grossen St. Bernhard, der den Spuren frühmittelalterlicher und römischer Passstrassen folgt, ist so eine Schmuggelroute. In der Cantina – einer Berghütte – auf der italienischen Seite unterhalb des Passes müssen sich oft Transporteure und Gendarmen im selben Raum aufgehalten und ein Glas Wein getrunken haben, um später den sportlichen Wettkampf gegeneinander wieder aufzunehmen. Zu allem ist die Grenzziehung am Mont Jovis, wie der Grosse St. Bernhard einst genannt wurde, dem Berg Jupiters, unklar. Aus dem Wallis werden Salzsäcke, aber auch lokale Produkte wie Käse, Vieh oder Tabak hinübergebracht; aus dem Aostatal gelangen Wein, Stoffe und Vieh ins Wallis.

Farinet bezeichnet sich hin und wieder als Schmuggler, um zum Ausdruck zu bringen, dass er eine Respektsperson sei.

Dem Untersuchungsrichter sagt der abgefangene Brief, dass der

Mann sich wirklich im Bagnestal aufhält, wie die Gerüchte es behaupten. Und von dessen wirklicher Tätigkeit hat man ja Arbeitsproben. Offensichtlich sucht der flüchtige Italiener einen Weg, der schneller zu Wohlstand führt als Schmuggeln oder sonstiges braves Handwerk: die Anfertigung von landwirtschaftlichem Gerät oder die Reparatur von zerschlissenem Zaumzeug. Im Brief an seinen Halbbruder erwähnt Farinet, dass er in den Bergen nach goldhaltigem Erz suche.

Den bisherigen Hausdurchsuchungen ist der Mann mit knapper Not entkommen. Aber er scheint den Gendarmen trotzen zu wollen: «Sie suchten mich in allen Herbergen», schreibt er noch – in schwungvoller Schrift –, «aber sie konnten mich nicht erwischen – und sie werden mich nicht mehr erwischen.»[8]

Verhaftung im Morgengrauen

Farinet täuscht sich.

Die Schreiben, welche nach und nach auftauchen, zeigen, dass gehandelt werden muss. Die beiden ersten – jene aus dem Aostatal – sind sich ähnlich. Ihr wirklicher Adressat ist Farinet. Abgeschickt sind sie von Verwandten, die ihm mitteilen, dass die italienischen Behörden an seinem Wohnsitz in Saint-Rhémy eine Hausdurchsuchung vorgenommen und neben Metallstücken auch Papiere mitgenommen hätten. Der Abwesende solle auf der Hut sein.

Im dritten Schreiben – das in Martigny-Ville hängen geblieben ist und das die Tochter Luisiers aufgegeben hat – erkundigt sich Farinet bei einem Bekannten drüben in Saint-Rhémy nach den Wegverhältnissen am Grossen St. Bernhard, auf dem um diese Zeit meist noch hoher Schnee liegt, und er fragt, ob es möglich sei, ohne Gefahr hinüberzugelangen. «Da ich unglücklicherweise einige kleine Schulden in meinem Vaterland zurückgelassen habe», schreibt er in Anspielung an seine Verurteilung wegen Diebstahls in Italien, «würde ich gerne für den Karneval zurückkehren, um alle Personen zu befriedigen.»[9] Gedenkt Farinet, ausgerechnet am Karneval Schulden zurückzuzahlen mit seinem selbst fabrizierten Geld? Es wäre ein Fasnachtsscherz der erleseneren Art. Oder will er an diesem Anlass – wo alles zusammenkommt, was gehen und stehen kann – ein paar Rechnungen persönlicher Art begleichen?

Für den Untersuchungsrichter in Martigny bedeutet die Anfrage in jedem Fall, dass Farinet ein weiteres Mal aus seinen Händen schlüpfen und über die Grenze entwischen könnte. Zurück nach Italien.

Die weitere Entwicklung der Geschehnisse können wir in den Gerichtsakten nachlesen. Am Morgen des 24. Januar 1871, um halb sieben Uhr, begibt sich Untersuchungsrichter Gross persönlich zur Gerberei Frachebourg in Martigny-Bourg. Er wird begleitet vom Gerichtsschreiber, dem Gerichtsweibel und von sechs Gendarmen der Kantonspolizei, die vom Kommandanten des Walliser Polizeikorps höchstpersönlich angeführt werden. Eine hochkarätige Delegation.

François Frachebourg ist gerade mit dem Abladen von Holz beschäftigt und scheint völlig konsterniert. Er weist den Weg zu einer neu geschreinerten Tür in der Küche. Erst nach einigem Zögern bringt er auch die Schlüssel herbei. Der Richter betritt einen Korridor, gelangt in einen grossen Raum, wo eine weitere Tür zu öffnen ist, und endlich in ein bewohntes Zimmer. Da steht ein Tisch, auf welchem Brot und Käse liegen, ein Rest von Fleisch, zwei Tonkrüge dabei. Dann erblickt der Richter das Bett. Neben einem schlafenden Kind zeigt sich die Gestalt eines jungen Mannes.

Er solle sich anziehen, sagt einer zum Unbekannten. Man durchsucht dessen Kleidung und findet in den Taschen 17 Zwanzigräppler, von denen, wie sich herausstellen wird, 7 falsch sind, weiter zwei (echte) silberne 5-Franken-Münzen und (echte) Goldstücke im Wert von nicht weniger als 445 Franken. Dazu Briefe und Abrechnungen. – Ja, er heisse Joseph-Samuel Farinet, gesteht der Fremde.

Gemeinsam geht's nach Martigny-Ville, und von da wird der Gefangene mit dem 11-Uhr-Zug in den Kantonshauptort Sion geführt, wo sich auch das einzig solide Gefängnis der Region befindet, die Zellen der Gemeinden sind meist in schlechtem Zustand.

Ein richtiges Geldfälschernest ist in der Gerberei ans Licht gekommen, eine baulich abgetrennte Werkstatt mit zwei Räumen, nur über Leiter erreichbar, eingerichtet in einem ehemaligen Waschsaal. Die Fenster können verdunkelt werden. Im ersten Raum stellen die Gendarmen eine verschmutzte Schürze, Kohle und Tragkorb, Schleifsteine und einen Ofen sicher. Der Boden ist von Russ geschwärzt, Zeitungen liegen herum, die offensichtlich zum Abwischen oder Polieren verwendet worden sind. In einem weiteren Raum findet man eine kleine Schmiede, einen mechanischen Hammer, der sich mittels eines Riemens bewegen lässt, einen Amboss, vier Ofensteine und einen grossen Kessel.

Gegen das Fenster hin stossen die Besucher auf Feilen, Sägen, Drehbohrer, Bürsten, Hämmer und eine Metallplatte. Die Holzsohlen der Schuhe des aufgescheuchten Mannes sind mit dickem Filz belegt, so dass sie keinen Lärm verursachen. Aus einem Buffet am Fuss der Bettstatt holen die Gendarmen mehrere Flaschen und Behälter mit chemischen Flüssigkeiten heraus. Unter dem Bett kommt ein Koffer mit Münzen zum Vorschein. Nur die eigentliche Prägemaschine ist nicht im Arsenal. Dennoch: ein kapitaler Fang!

Er ist es. Farinet.

Tac, tac, tac

Monatelang hat Farinet in seinem Versteck in der Gerberei in Martigny-Bourg – dem minderen Vorort von Martigny – gelebt und gearbeitet, verborgen vor den Augen des Gesetzes. Den Nachbarn ist sein Wirken nicht verborgen geblieben. Indes haben sie keine Lust gehabt, ihre Wahrnehmungen weiterzumelden, sehen die Leute doch ein Eigeninteresse an den 20-Rappen-Stücken, welche aus dem Haus quillen. Denunziationen bringen ihnen keinen Gewinn. Sie sprechen erst, als die Werkstatt geleert ist. Da zeigt sich, dass die Geldproduktion nicht so still und heimlich vor sich gegangen ist.

Eine Zeugin hat jeweils morgens um fünf Uhr Rauch aufsteigen sehen aus einem Rohr, das zu einem Fenster hinausragt. Nächtlicherweile sei Lärm zu hören gewesen, ein monotones «Tac, tac, tac», weiss ein junger Kaminfeger, der im Haus logiert hat.[10] Die Schläge hätten sich die ganze Nacht durch wiederholt.

Als Kronzeuge erweist sich ein 52-jähriger Bäcker, der entweder unter Schlaflosigkeit leidet oder sich aus anderen Gründen für die Nachbarn interessiert. Er kümmerte sich jedenfalls darum, was hinter den Fenstern der Gerberei Frachebourg geschieht, wo seine Kinder im Dunkeln schon Feuerschein gesehen haben. Entschlossen hat er ein paar Male eine Leiter an die Mauer des Hauses gestellt, ist auf den Dach eines Anbaus geklettert und hat hineingelinst. Drinnen habe er ein Individuum gesehen, das er nicht gekannt habe, damit beschäftigt, mit Meissel und Hammer eine Metallplatte zu bearbeiten. Ein paarmal habe er den Ofenbauer Louis Luisier an einer Maschine werken sehen, aus welcher der Beobachtete mit einem Messer runde Metallstücke herausgezogen habe. Den gleichen Luisier habe er auch einmal in der Pinte getroffen und mit ihm eine Flasche getrunken, wobei dieser ihm angeboten habe, für eine grosse Münze Zwanzigräppler zu geben. Nein, eine Anzeige habe er nicht erstatten wollen, sagt auch dieser Zeuge, weil er sich ja nicht sicher gewesen sei, was da vor sich gehe.

Die Berichte über Farinets Münzen summieren sich zur autonomen Geldwirtschaft. Wenn Frachebourg Geschäfte abwickelte, zahlte er in 20-Rappen-Stücken: Ein Schuhmacher erhielt für eine Rechnung von 90 Franken an die 450 Münzen. Dafür hat Frachebourg auch etwas besser als andere bezahlt. Bis die Gerber der Region zu protestieren begannen, Frachebourg treibe mit seinem Gebaren die Lederpreise in die Höhe.

Die Gruppe hat nur 20-Rappen-Stücke produziert. Dies aber am laufenden Band, tac, tac, tac. Er habe einmal in einer Woche für 900 Franken Geld hergestellt, wird Farinet ausführen, 4500 Münzen. Bei einer modernen 5-Tage-Woche ergäbe sich eine durchschnittliche Produktionsleistung von 900 Münzen pro Nachtschicht. Bei einem Intervall von acht Sekunden – in diesem Abstand haben die nächtlichen Zeugen die Schläge wahrgenommen – muss allein der Stanzvorgang zwei Stunden gedauert haben, ohne Arbeitspause. Dann kam die Prägung, dann Wechselbad, Politur und Kontrolle. Da ist wirklich gearbeitet worden.

Ein Jahr lang hat Farinet freiwillig im Versteck gelebt, hat darin geschlafen und gegessen. Nun hat er es mit einer richtigen Zelle vertauscht.

Ein schöner Junge

Am 28. Januar 1871 wird Farinet erstmals verhört, im einzigen Gerichtsverfahren auf Schweizer Boden, bei dem er greifbar anwesend sein wird.

Der Morgenzug von 9 Uhr bringt den «Schmuggler ohne festen Wohnsitz», wie er in den Akten genannt wird, vom Gefängnisort Sion zum Strafgericht in Martigny-Ville, wo Gerichtspräsident Louis Gross als Untersuchungsrichter amtet.

Wie der Mann, der vor den Richter tritt, ausgesehen hat, wissen wir nicht sicher. Zwar gibt es eine Foto. Sie zeigt einen jungen Mann in stehender Pose, ausgesprochen elegant gekleidet, doch dass das der Fälscher ist, wird auch bestritten.[11] Einen Hinweis auf Farinets Aussehen gibt ein Signalement, das ein Gericht im Aostatal den Amtskollegen im Wallis übermittelt:

«Er ist ungefähr 25-jährig, von grosser Statur, dunkelblonde Haare, hohe unbehaarte Stirn, blonde Wimpern, blaue Augen, eher lange Nase, gewöhnlicher Mund» – was immer das sei –, «rundes Kinn, ovale Gesichtsform.» Er sei «ein wenig sommersprossig auf den Wangen, wie es Blonde gewöhnlich sind», trage «den blonden Bart kranzförmig unter dem Kinn» und «einen blonden Schnauz». Unamtlich hat der Richter im Aostatal hinzugefügt: «In der ganzen Erscheinung ist es ein schöner Junge; er kann Klavier spielen, um die Leute vom Land zum Tanzen zu bringen.»[12]

Spätere Beschreibungen bezeichnen seine Haare als fuchsrot, seine Haut als rosa und seinen Bart als rot. Da hat wohl schon die Dämonisierung eingesetzt.

Geboren worden ist Joseph-Samuel Farinet am 17. Juni 1845 in einem Nest im Aostatal, nahe an der Schweizer Grenze. Wer vom Rhonetal zum Grossen St. Bernhard fährt und statt des Tunnels die Passroute wählt, fährt jenseits der Grenze bei der Abfahrt als Erstes durch die heutige Gemeinde Saint-Rhémy – Saint-Rhémy-en-Bosses, wie sie einmal hiess. Da im Weiler Laval steht Farinets Geburtshaus, auf über 1600 Metern Höhe.

Ein Italiener also.[13]

Er kommt nicht aus dem Elend, stammt aus einer der ältesten Familien des Aostatals, die nebst dem Geldfälscher auch einen Abgeordneten im Römer Parlament hervorbringen wird: François Farinet, Deputierter von 1892 bis 1909.

Das Milieu, aus dem der Geldfälscher hergeht, ist handwerklich geprägt, der Vater war ein Schmied mit einem eigenen Betrieb. Darin lernte der junge Joseph-Samuel, Holz und Metall zu bearbeiten; er konnte Musikinstrumente herstellen, aber auch Patronen drehen.

Kaum 20-jährig, weiss er, wie eine Gefängniszelle von innen aussieht.

Der Bezirksrichter im Aostatal hat schriftlich mitgeteilt, dass Joseph-Samuel Farinet wegen Diebstahls einer grösseren Geldsumme dort zu 18 Monaten Gefängnis verurteilt worden sei, in Abwesenheit leider, und dass gegen Farinet und einen Komplizen eine Untersuchung wegen Verdachts der Falschmünzerei eingeleitet worden sei. Der Mann delinquiert offenbar chronisch. Er ist schon einmal verurteilt worden wegen Diebstahls einer Uhr, mehrerer Nastücher, zweier Männerblusen und anderer Luxusdinge.

Weil der Boden zu heiss geworden ist, hat er also die Heimat verlassen, die sein Talent so schlecht honoriert. Mit Berufswerkzeugen auf dem Rücken überschreitet er den Grossen St. Bernhard und taucht im benachbarten Unterwallis auf; der schlechte Ruf ist dem jungen Mann vorausgeeilt.

Der Vorgeführte leugnet: «Ich habe nie Geld fabriziert, weder gutes noch falsches.» Mit den beschlagnahmten Metallstücken habe er nur «Versuche» angestellt, im Übrigen habe er «Warenschmuggel» betrieben, die seriöse Tätigkeit.[14] Und die Münzen im Koffer?, fragt der Untersuchungsrichter zum wiederholten Mal. «Es hatte keine solchen Dinge im Koffer», versteift sich Farinet.[15]

Erst als Farinet mit den Aussagen seiner Komplizen konfrontiert wird, bequemt er sich zu einem Geständnis, erläutert er die Technik der Falschgeldherstellung und das Funktionieren der Ateliergemeinschaft Farinet, Frachebourg & Luisier.

Stück für Stück hat man aus dem Blech die Rohlinge gestanzt. In der Gusspfanne braute man eine Schmelze aus Kupfer und Zinn, die der Herstellung der Negative diente: Hart geworden, zwang sie selbst Stahl in ihre Form. Das negative Münzbild wurde mit Hilfe eines echten Zwanzigräpplers hergestellt und diente als Mutter vieler Münzen. In die Negativform legte man die vorbereiteten Rohlinge und presste das Paket zusammen. Wenn die Gravur sich auf dem gepressten Metall gut abzeichnete, wanderte die neu geborene Münze in ein Säurebad. Das geschwärzte Stück wurde mit einem Tuch sauber poliert. So die Aussagen des Technikers.[16]

Die Eidgenössische Münzdirektion wird die Falsifikate untersuchen und zum Schluss kommen, dass das Metall Neusilber sei, gekocht aus Kupfer, Zink und Nickel. Aussen sei die Farbe zu hell, das Relief sei weniger fein als bei den echten. Die echten sind aus

Billon, wie die Legierung genannt wird, und enthalten Kupfer. Und klar sei: Die Münzen sind durch Abdruck einer echten hergestellt worden.[17]

Vertriebsprobleme

Ein einzelnes 5-Franken-Stück in Gold ist bei der Hausdurchsuchung auch noch gefunden worden. Es weist am Rand eine Schweissnaht auf. Und dann zeigt sich, dass es im Innern grau und bröcklig ist. Es ist mit Blei gefüllt.

Nicht sicher, dass Farinet das Stück selber produziert hat. Ein Uhrmacher, der als Experte beigezogen wird, erklärt, dass nur ein gut eingerichteter Feinmechaniker eine solche Füllung injizieren könne. Das Stück hat eher als Muster für Eigenentwicklungen gedient, und Farinet könnte es auf einem seiner Ausflüge nach Lausanne und Genf in einschlägigen Kreisen erworben haben. Doch belegt der Fund, dass Farinet die Wahrheit spricht, als er vor Gericht maliziös sagt, er habe in Bagnes technische Versuche angestellt.

Doch warum spezialisiert sich Farinet in der Praxis auf 20-Rappen-Stücke? Wäre es nicht rationeller, Münzen von höherem Wert herzustellen? Wahrscheinlich hat das Absatzproblem den Ausschlag gegeben. Münzen von höherem Nominalwert werden in der Naturalwirtschaft, wie sie noch weitgehend herrscht, kaum gebraucht. «Bargeld war bei ihnen etwas Seltenes», schreibt der Autor Hannes Taugwalder, zwar aus dem Oberwallis stammend, nicht aus dem unteren Kantonsteil, über seine Vorfahren. «Wichtig war die Selbstversorgung», denn sie mache die Menschen frei.[18]

So entscheidet sich der Geldunternehmer Farinet für die Serienproduktion von 20-Rappen-Stücken – die alle die Jahreszahl 1850 tragen.

Obwohl er bald Massenproduzent von 20-Rappen-Münzen ist, kann er kaum die Absicht gehabt haben, Millionär zu werden. Er müsste dafür 20 Jahre ununterbrochen schuften wie irgendein

Industriearbeiter. – Doch für die Freiheit, sich einen lustigen Alltag leisten zu können, reichen ein paar tausend Franken.

Für arme Leute ist ein «Farinet», so nennt man die Münzen manchmal, ein gutes Trinkgeld. Nach Dokumenten jener Zeit kann sich ein Mann mit einem 20-Rappen-Stück zwei Sitzungen beim Coiffeur leisten. Eine Hausfrau vermag 4 bis 5 Kilo Kartoffeln zu bezahlen. Soldaten können dafür den ganzen Nachmittag Rotwein trinken.

Ein Billett in der dritten Klasse für eine Zugfahrt von Sion nach Martigny – Distanz 23 Kilometer – kostet Fr. 1.55. Ein Kilo Butter Fr. 2.50. Die Entschädigung einer Hebamme für Geburt und anschliessende Pflege Fr. 5.20. Und ein Farinet-Komplize verkauft einige Jahre später eine Kuh für 100 Franken.

Ein technischer Grund spielt bei Farinets Wahl für die Produktion von Zwanzigern mit. «Das in neuerer Zeit wieder häufigere Vorkommen falscher 20-Rappen-Stücke», erfahren wir von Fachleuten der Eidgenossenschaft, «rührt bekanntlich daher, dass die ersten Prägungen wegen des beträchtlichen Nickelzusatzes einen so bedeutenden Härtegrad erhielten, dass die Anfertigung von Stempeln, die von ächten (!) nicht mehr unterschieden werden können, auf mechanischem Wege leicht gelingt.»[19] Negativformen von Münzen des Jahrgangs 1850 lassen sich besonders einfach fabrizieren, ohne dass in der Schmelze die Originalmünze selber zerfliesst.

Ein Lokalhistoriker meint, dass Farinet sich wegen der damals laufenden Geldsammlung für den Ankauf der Rütliwiese durch «die Schweizer Jugend» zur Produktion von Zwanzigern entschieden habe, um der starken Nachfrage gerecht zu werden. Jedenfalls sei der Mangel an Zwanzigern im Land auf die Spendenaktion zurückzuführen.[20] Farinet hat bei seinem Entscheid für die Herstellung von Zwanzigern kaum an den Ankauf einer patriotischen Heimstätte gedacht. Aber der Gedanke ist reizvoll, dass das Rütli heute nur dank der Geldpumpe Farinets der Allgemeinheit gehören soll.

Einem Kontaktmann verkündet Farinet allerdings, er könne auch Banknoten herstellen. Die Schwierigkeit sei nur, das richtige Papier zu finden. Angesichts der Banknoten jener Zeit, die fast mit dem Handmodel auf Packpapier gedruckt zu sein scheinen, ist man versucht, es zu glauben. Sicher hat Farinet die Überlegung angestellt, dass der Vertrieb von 20-Franken-Papieren einen Hundertstel an Arbeitsaufwand des Vertriebes von 20-Rappen-Metallstücken erfordern würde.

Der Goldproduzent aus dem Roman

Manche kennen Farinet aus der Schulstube, weil sie den Roman von Charles Ferdinanz Ramuz gelesen haben: «Farinet oder das falsche Gold». Goldmünzen lässt der Westschweizer Schriftsteller seinen Helden herstellen. Experten in Paris hätten bestätigt, so lesen wir, dass es reines Gold sei, was Farinet verarbeite. Die Münzen seien gelblich, denn sie enthielten Gold und Silber, wogegen die Münzen der Regierung eine rötliche Färbung aufwiesen, da sie aus einem Gemisch von Kupfer und Gold bestünden. Damit seien Farinets Münzen echter als jene der Regierung. Hoch oben in den Bergen nämlich wisse Farinet um eine Goldader. Da habe er das Pulver her, das er dann mit dem Lötkolben schmelze und in Gipsform giesse.[21]

Es ist eine schöne Legende.

Wahr ist, dass es im Unterwallis Minen gab einstens. Sichtbar sind zu jener Zeit die Eingänge zu Marmorminen oberhalb Saillon. Bekannt sind die Silberminen im Bagnestal, die im 16. Jahrhundert in der Alten Eidgenossenschaft ausgebeutet wurden für die Beschaffung von Rohmaterial, das der Herstellung von Münzen diente. In Salanfe unterhalb der Dents-du-Midi zieht sich auf 2100 Metern Höhe eine Goldschicht von rund 30 cm Dicke über einen Kilometer Länge hin. Dort findet sich in arsenhaltigen Mineralien Gold, in einer recht hohen Konzentration von 20 Gramm pro Tonne. Es ist Anfang des 20. Jahrhunderts ausgebeutet worden.

Farinet wird von diesem Gold gehört haben, hat er doch von seinem Horst im Bagnestal aus nach dem Mineral gesucht. Er besass auch Goldstücke. Zudem fand man bei ihm Goldchlorid. Offenbar hat er Experimente angestellt. Zum Erfolg ist er kaum gekommen.

Allerdings wollte der Schriftsteller Ramuz gar keinen historischen Bericht schreiben, auch wenn er noch Zeitzeugen oder deren Nachfahren in der Region befragt hat. In seinem Farinet-Roman heisst der Geldfälscher auch nicht Joseph-Samuel, sondern Maurice. Er darf kein Ausländer sein, sondern stammt aus dem schweizerischen Bourg-Saint-Pierre, und er verkehrt in einer Pinte mit dem patriotischen Namen «Croix-Blanche». Wir wandern durch die blühenden Wiesen der Farinet-Legenden.

Gemäss einer komischen Bearbeitung des Farinet-Stoffes durchsetzte Farinet sein Rohmaterial für die Münzen mit Glas, «und das bewirkt, dass sie so hell klingen, und sogar reiner als die echten», wird Fernand Chavannes erfinden.[22] Und die moderne Dichtung eines Paul Budry weiss zu berichten, woher das Rohmaterial stammte: Es waren in Kirchen geraubte Kelche, die eingeschmolzen wurden.[23]

Diese Legenden bezeugen vor allem, wie sehr der Geldfälscher Farinet die Geister erfrischte. Tatsächlich war Farinet beileibe nicht der Einzige, der im Wallis falsches Geld produzierte. In den 1870er Jahren berichtet die Presse von sieben Fällen, in denen Münzen, oft ausländische, hergestellt wurden. Falschgeld gehört zum Alltag.

Und Farinet ist unter den Fälschern von Geld nicht einmal der grösste Fisch. Schwerwiegender scheint eine Affäre gewesen zu sein, die 1881 in Genf aufflog. Ein Fälscherring hatte 15 Jahre lang in Uhrenateliers türkische, tunesische, ägyptische und griechische Münzen herstellen lassen. In Genf sind auch einmal 20-Rappen-Stücke der bekannten 1850er-Ausgabe eingezogen worden, vor dem Wirken Farinets im Unterwallis. Es bleibt offen, ob Farinet bei einer Werkstätte in Genf die Anregung für diese Art der Münzproduktion geholt hat. In einer Lehrzeit sozusagen.

Die Komplizen

Die Vertriebsprobleme dürften es auch gewesen sein, die den Feinmechaniker Farinet veranlasst haben, sich Komplizen zu suchen: Louis Luisier (damals 43-jährig) und François Frachebourg (37-jährig). Während Frachebourg einen Häutehandel betreibt, handelt Luisier, wenn er nicht Öfen baut, mit Getreide. Jeder Produktionsbetrieb ist auf den Handel angewiesen, der eben die Nachfrage vermittelt, auch die Münzproduktion.

Die Praxisgemeinschaft für Geldschöpfung gibt den Teilnehmern konspirative Namen. Während Farinet für sich gleich verschiedene Pseudonyme verwendet, figuriert Frachebourg in den Journalen als Gourgoulin, Luisier aber als Maloquin, und Farinet notiert in den Büchern säuberlich die Anteile der Geschäftspartner.

Gourgoulin und Maloquin, es lässt an die beiden Knappen in Shakespeares «Hamlet» denken: Rosenkranz und Güldenstern. Bei Shakespeare sind dies Randfiguren, die immer nur Aufträge ausführen, welche sie nie durchschauen, Spielzeug der Machthaber, und als solche finden sie ihr Verderben. Farinet nennt sich, es tönt drohender, etwa Moraco (wie Zorro oder Mordio).

Die Knappen Frachebourg und Luiser sind unterschiedliche Typen. François Frachebourg tritt uns in den Prozessakten als der Weichere gegenüber, der zu Tränen und Nachgiebigkeit neigt. Er ist der Erste, der gesteht. Immer wieder hat der Poet und Richter Louis Gross ihn vorführen lassen: «Sind Sie heute besser disponiert, um uns die Wahrheit zu sagen?», dringt er in ihn ein. Das Protokoll hält fest: «Der Vorgeführte begann zu weinen und konnte in der Folge nicht mehr antworten.»[24]

Louis Luisier ist der Ältere und der Abgebrühtere. Nicht nur leugnet er jede Beteiligung, obwohl der unter Farinets Bett hervorgezogene Koffer mit den gefälschten Münzen dummerweise die Initialen «LL» trägt, Luisier kann unverschämt sein, ohne rot zu werden. Vom beschlagnahmten Metallstück mit dem runden Loch in der Mitte behauptet er, es sei ein Kerzenständer. Selbst seine kantonale Steuer für das Jahr 1870, die sich auf 29 Franken beläuft, hat er in 20-Rappen-Münzen aus dem eigenen Backofen bezahlt. Und wie er zum Schluss der Untersuchung Gerichtskosten im Betrag von Fr. 5.45 begleichen muss, überreicht er erneut sorgfältig gerollte Zwanzigräppler, die, wie der Gerichtsschreiber säuerlich vermerkt, von reichlich seltsamem Aussehen seien. Ich vermute, dass dieser Luisier denn auch im weiteren Verlauf der Farinet-Geschichte hin und wieder hinter den Kulissen agiert, obwohl er nach der Verurteilung nicht mehr aktenkundig wird.

Das erste Verfahren gegen Farinet auf Walliser Boden geht seinem Ende entgegen. Lange fehlte das entscheidende Beweisstück: die Prägemaschine. Was in Frachebourgs Gerberei gefunden worden ist, sind nur eine Gusseinrichtung und das Stanzgerät. Die Prägemaschine ist offensichtlich rechtzeitig weggebracht worden. Endlich wird sie aufgespürt. Nicht im Bagnestal, sondern unterhalb eines Rhoneübergangs in der Gemeinde Fully – beim Weiler Branson – wird sie aus dem Fluss gefischt, wo sie versteckt worden ist. Nicht sicher ist Louis Gross, ob er aller Hintermänner habhaft ist. Einige Spuren haben zum Eigentümer einer Giesserei in Ardon geführt, der einem Verwandten einige Gefälligkeiten erwiesen hat.

Gegen Schluss der Untersuchung kann Richter Louis Gross dennoch zufrieden sein. Er hat einen ziemlich umfassenden Einblick in die Falschgeldwirtschaft, kann den Umfang auf Grund von Farinets Buchhaltung sogar beziffern: Für 8132.60 Franken sind Zwanzigräppler hergestellt worden. Das wären gut 40 000 Stück. Gross hat das Unkraut ausgezogen und glaubt wohl, die meisten Würzelchen erwischt zu haben.

Gültiges Falschgeld

Der Anteil des Farinet-Geldes am lokalen Geldumlauf ist tatsächlich beträchtlich; um ein Bild der Lage zu gewinnen, hat sich Richter Gross in den Läden und Handwerksbetrieben in Martigny-Bourg umgeschaut und die Resultate seiner Enquête minutiös notiert. Bei Auguste Ducrey fand er 155 gute und 96 schlechte Münzen, beim Händler Simonetta – ein Geschäft dieses Namens steht bei der Recherche für dieses Buch noch am Eingang zum Ortsteil Martigny-Bourg – sogar 950 gute und 412 schlechte. Total betrug die Ausbeute an jenem Tag 2669 gute und 1555 schlechte Münzen. Mehr als ein Drittel des Umlaufs an Münzen von 20 Rappen Nennwert sind also «Farinets». Der Richter verzichtet darauf, sie sofort einzusammeln. Er gibt den Händlern lediglich die Anweisung, sie vorläufig zurückzuhalten und bis auf Empfang neuer Order nicht in Umlauf zu setzen.

Heute erstaunt, dass die Bevölkerung die falschen Münzen so leicht angenommen hat. Doch man befand sich am Übergang von einer Natural- zur Geldwirtschaft. Für viele Bergbauernfamilien spielt Geld im Alltag kaum eine Rolle. Nur wenn Markt ist, beim Kauf eines Hahns, beim Verkauf einer Kuh und allenfalls bei der anschliessenden Zecherei nimmt der Bergbauer Geld in die Hand. So haben die Leute wenig genaue Kenntnis der einzelnen Münzen. Das nationale Münzwesen ist erst 20 Jahre alt; diverse ausländische Münzen besitzen ebenfalls Gültigkeit, was verwirrend ist. Gegenüber dem Papiergeld, das noch in der Hoheit der Kantone steht und also von Kanton zu Kanton verschieden ist, herrscht ohnehin Misstrauen. Ein Bauer weigert sich einmal, von einem Mitglied der Farinet-Bande eine Zehnernote anzunehmen; lieber lässt er sich in falschen Zwanzigern berappen. Die Note könnte unter dem Bett von Mäusen angeknabbert werden.

Louis Gross wendet sich an Bern mit der Frage, wie er vorgehen solle angesichts des massenhaft umlaufenden Farinet-Geldes. Die Antwort des Eidgenössischen Finanzdepartementes vermag ihn nicht zu befriedigen. «Was die Bitte der Öffentlichkeit in Martigny betrifft, der Bund solle sich mit der Einziehung der falschen Münzen befassen, bedauern wir, nicht darauf eintreten zu können wegen der Konsequenzen, die dies in analogen Fällen nach sich ziehen würde», so Bern. «Es ist im übrigen Sache der kantonalen Justiz, die falschen Exemplare einziehen zu lassen und die Fälscher für die verursachten Schäden verantwortlich zu machen.»[25]

Eine nüchtern urteilende Walliser Historikerin, Danielle Allet-Zwissig, glaubt, dass die Weigerung des Bundes, die Farinet-Münzen einzuziehen, diesen einen Schein von Legalität gegeben habe: «Warum sollte man nicht schliessen – gemäss dem Prinzip, wonach alles, was nicht verboten ist, erlaubt ist –, dass Bern, wenn es die 20-Rappen-Stücke nicht zurückzieht, also gutheisst, dass sie weiterhin zirkulieren?», fragt die Historikern.[26]

Krisen überall

1870/71 erlebt Europa unruhige Zeiten: Regimes und Heere brechen zusammen. Zum Signet der Epoche wird der Sturz der Vendôme-Säule in Paris. Sie ist von Napoleon III. errichtet worden zu Ehren seines Vorfahren Napoleon Bonaparte, der selber als Kunstwerk zuoberst gestanden hat und nun auf dem Boden aufschlägt. So verkörpert ihr Sturz das Ende gleich zweier Kaiserreiche. Urheber dieses revolutionären Akts ist Gustave Courbet, ein schon damals bekannter Maler; er ist von der Regierung der aufständischen Commune in Paris zum Präsidenten der Kommission für den Schutz der Kunstdenkmäler ernannt worden und arbeitet umgehend eine Petition aus, welche die Entfernung der Vendôme-Säule verlangt.

Zur gleichen Zeit erlebt das Wallis seinen eigenen Weltuntergang; die Kantonalbank bricht zusammen – wir werden davon hören.

Joseph-Samuel Farinet dürfte sich um diese Ereignisse der grossen Politik foutiert haben. Er ist angeklagt vor dem Strafgericht des Bezirkes Martigny und erleidet seinen ganz persönlichen Zusammenbruch. Wie sein Komplize Frachebourg gesteht nun auch er.

«Ich bereue meinen Fehler und empfehle mich der Milde des Gerichtes und werde mich bessern», sagt Farinet laut Protokoll.[27]

Der Dritte im Bund, Luisier, ist noch nicht umgefallen, im Gegensatz zum Chef, der in einem erstaunlichen Brief an den Untersuchungsrichter schreibt – als richte er sich an den Dichter im Richter: «Und ich bin bereit, das Joch des Schwertes des Gesetzes zu tragen, welches die Gerechtigkeit mir auferlegen wird.» Farinets Stimmung ist todesdüster: «Das Unglück hat mich vernichtet, und ich muss mich dem unterwerfen, und nur der Tod wird ein Ende dieser vielen Leiden bringen.» Er bittet das Gericht noch, seine Komplizen zu verschonen, da sie Familienväter seien.[28]

Der Geldfälscher weiss, was ihn erwartet. Er wird es überleben. Wenn er es freiwillig fast ein Jahr im Hinterzimmer von Frachebourgs Gerberei ausgehalten hat, wird er auch den Aufenthalt hinter den Metalltüren des Gefängnisses in Sion durchstehen, selbst wenn dieser um einiges länger auszufallen droht.

Gefährdete Ehre

Zur Verdüsterung von Farinets Gemüt trägt bei, dass sein Vater unlängst verstorben ist. Sein Zuhause muss ihm daher eindringlich vor Augen gestanden haben. Zumal im Aostatal erneut ein Verfahren gegen ihn eröffnet worden ist; die Nachricht aus dem Aostatal habe seine Situation verschlechtert, schreibt er dem Richter.[29]

Ist das die Wahrheit? Es scheint, dass Farinet oft, wenn er wortreich etwas enthüllt, gleichzeitig etwas verschleiert. Was ist denn so schlimm daran, dass ein weiteres Gericht ihn anklagen will? Es scheint nur eine einleuchtende Antwort zu geben: Schlimm ist, dass dieses Gericht sich im Aostatal befindet. Wo seine Familie lebt, wo seine Mutter, seine Brüder, seine Freunde leben, vor allem aber seine Freundin. Schlimm ist, dass er nicht als der zurückkehren kann, als welcher er zurückkehren wollte.

Warum ist er denn ausgezogen aus diesem Tal, ins Savoyische

29

zuerst gegangen und dann ins Wallis gelangt? Nicht weil Armut ihn drückte. Im Unterschied zu vielen Auswanderern waren Farinets Eltern ja verhältnismässig wohlhabend. Man brauchte nicht mit harter Hände Arbeit sein Auskommen zu suchen. Er ist ausgezogen, weil Gefängnis drohte.

Nun will er zeigen, was in ihm steckt. Er ist auf seinen guten Ruf bedacht. Er ist vielleicht ein Gesetzesbrecher, aber er will kein gewöhnlicher Verbrecher sein. Dass einige das glauben, geht an seine Ehre.

Im Brief, den Farinet an seinen Halbbruder Placide geschrieben hat, lässt er nicht nur seine Eltern grüssen, an die zu denken ihn traurig stimme. Er bittet Placide auch eindringlich, ihm mitzuteilen, was man in Saint-Rhémy über ihn denke. Er hat vernommen, dass es dort heisst, Farinet sei in Sion inhaftiert worden – er war es noch nicht – und werde demnächst von Gendarmen in seine Heimatgemeinde verfrachtet werden. «Du kannst ihnen sagen, dass sie das nicht sehen werden, weil er» – gemeint ist Farinet selber – «nun Freunde hat.» Und Freunde hat er, weil er Geld hat. «Mit Geld wird man von der ganzen Welt geschätzt.»[30]

In einem zweiten Brief an seinen Halbbruder, einige Wochen später, will er wissen, was am letzten Karneval so geschwatzt worden sei. Denn Karneval ist ein Stimmungsbarometer. Karneval ist das Fest der Maske, und diese dient bekanntlich weniger der Maskierung als der Demaskierung. Des Trägers wie seines Gegenübers.

Die Mutter und die Geliebte

Dass er «Geldfälscher» genannt wird, schmerzt wenig, auch wenn er der «Geldfabrikant» genannt sein möchte. Die Tätigkeit ist ehrenwert und er ist ein Ehrenmann. Nur eines darf auf keinen Fall sein: Er darf nicht als Versager gelten. In Saint-Rhémy darf das zumindest eine Hälfte der Bevölkerung nicht denken: die Frauen. Und unter ihnen niemals die zwei, für die er sein Leben hingeben würde.

Die eine ist seine Mutter, Marie-Pétronille, geborene Tampan. Sie ist eine charaktervolle Frau. Als 40-jährige Frau noch und als Mutter von fünf Kindern hat sie sich wieder verheiratet, mit einem Mann von 19 Jahren, dem späteren Vater des Joseph-Samuel. Das würde wohl heute noch in manchem Dorf Aufsehen erregen. Es zeigt einen Zug, den Farinet erben wird. Lust am Leben, Lust an der Liebe und die Bereitschaft, dafür ein Wagnis einzugehen. Im Brief an seinen Halbbruder erkundigt sich Farinet insbesondere nach seiner Mutter: Er bittet Placide, zu Hause auszurichten, dass sie einander wiedersehen würden: «Wir werden schöne Feste in grosser Fröhlichkeit feiern.»[31]

Die andere Frau ist Marie Euphrosine Adelaïde, seine Freundin, die ihn nicht heiraten wird. Sie wird einem Mann das Ja-Wort geben, den sie nicht liebt. Weil die Eltern das so wollen, denn er ist vermögend. Das Kind aber wird sie mit Farinet machen. Und sie wird allein mit diesem Kind vor den Behörden erscheinen, ohne Ehemann und Kindsvater, um es registrieren zu lassen. Es wird eine Tochter sein: Marie-Célestine Adèle Mochettaz, die in grossem Ansehen noch bis in die Mitte des 20. Jahrhunderts leben und als Hebamme arbeiten wird. Im Brief an Placide fragt Farinet gradheraus, was für Liebhaber Marie-Adelaïde besuchten und ob sie diese heiraten wolle.

«Sie hat Farinet wie verrückt geliebt», gibt Albino Mochettaz wieder, was er über Farinets Geliebte weiss – er hat es aus dem Mund seiner Grossmutter vernommen, die Farinets Tochter war: «Von ihrem Ehemann, der 70 Jahre alt war und den sie wegen des Geldes heiraten musste, hat Marie-Adelaïde sich schon nach zwei Monaten getrennt», sagt Mochettaz. Es muss schwer gewesen sein für diese Frau, einen Mann wie Farinet zu lieben, der sich in der Fremde herumtreibt, der Falschgeld produziert und von dem Frauengeschichten erzählt werden. «Noch an ihrem Begräbnis», so berichtet der Bergbauer, den wir im Weiler Ronc in Saint-Rhémy besuchen, «hat der Pfarrer den Anwesenden ins Gesicht gesagt, sie brauchten nicht um die Seele der Verstorbenen zu trauern, es sei nur eine armselige Hure gewesen.» Albino Mochettaz, bei der Herausgabe des Buches 83 Jahre alt, hat die Schmach der illegitimen Herkunft noch in den Knochen; in der Schule hätten ihn die Kinder gehänselt und «Pyolin» gerufen, so sei Farinet am Ort genannt worden. Heute stehe im Sterberegister hinter dem Namen seines Grossvaters der Vermerk: «Grosser Geldfälscher».[32]

Er würde «drei- oder viertausend Franken» geben, wenn er als freier Mann zu seiner Freundin zurückkehren könnte, schreibt Farinet, der weiss, dass er im Aostatal gleich verhaftet werden würde. Obwohl, «was die Mädchen betrifft», sei er in der Schweiz mehr geschätzt als im Aostatal. Aber seine «ersten Liebesgefühle» gälten nun einmal Marie-Adelaïde, «und diese Liebesgefühle werde ich bis zum Grab tragen». Wenn umgekehrt sie ihn vergessen sollte, werde er nie mehr in seine Heimat zurückkehren, «denn sobald ich sie sähe, könnte ich meine Tränen nicht zurückhalten».[33]

Und einmal schimmert in Farinets Briefen doch eine soziale Utopie auf. Er möchte nach Saint-Rhémy zurückkehren, um seinen Leuten Unterricht zu geben, «damit sie nicht mehr nötig hätten, weiterhin die Erde zu bearbeiten, um Geld zu verdienen».[34] Farinet wird diesen Unterricht nie erteilen. Er wird seine Marie-Adelaïde, verheiratete Mochettaz, lange nicht wieder sehen. Er wird seine Tränen dennoch nicht zurückhalten können.

Verhandlung und Urteil

Am 5. Juli 1871 findet die Hauptverhandlung statt vor dem «Tribunal correctionnel et criminel», dem Strafgericht des Bezirkes Martigny, das unter dem Vorsitz von Richter Louis Gross tagt. Der Staatsanwalt zeigt in seinem Plädoyer kein Mitleid mit dem Übeltäter vor den Schranken. Er verlangt sechs Jahre Zuchthaus und nach der Verbüssung dieser Strafe «die ewige Verbannung aus der

Schweiz». Immerhin könne Farinet frei wählen, über welche Landesgrenze er ausgeschafft werden wolle.[35]

Das Gericht übergibt dem Komplizen Frachebourg noch eine Uhr, die seiner Frau gehöre und die bei Farinet gefunden worden sei. Es ist erlaubt, zu denken, was beliebt. Klaut Farinet wie eine Elster, hat nun aber keine Zeitmessung mehr nötig? Oder ist es eine zärtliche Erinnerung an Madame Frachebourg?

Die Welt ist klein geworden. Statt mit einer Geliebten über die Wiesen zu tollen, hockt er endgültig auf einer Eisenpritsche. Statt Gold heimzutragen, hat er Blech geredet. Statt freie Luft zu geniessen, atmet er gesiebte. Nun sitzt er also in einer dieser Zellen, die so aussehen, wie man sie sich vorstellt und wie wir sie im alten Kantonsgefängnis von Sion kurz vor dem Abbruch noch fotografieren konnten. Moderne Normwohnungen vor der Möblierung mit Buffet und Sofa. Der Bewohner in einem längsgestreiften Kleid. Die drei Flanellhemden, seine Krawatte aus grauer Seide, einen weiteren Binder, einen roten Wollschal und vier falsche weisse Kragen hat Farinet nach der Verhaftung abgeben müssen.

Verurteilt ist er zu vier Jahren Gefängnis wegen Produktion und Vertriebes von Falschgeld, auf Grund der Artikel 44, 161, 164, 165, 166 und 170 des Walliser Strafgesetzbuches.

«Im Turm, im Turm, da drehst du dich wie ein Eichhörnchen», beschreibt die aus der Region stammende Schriftstellerin Corinna Bille die Stimmung, in der ich Farinet sehe: «Du sabberst und du lachst, du schluchzest und du träumst, du denkst nach und verfluchst. Was gäbe es doch alles im Leben zu tun? Wie viele Handlungen, Briefe, Gespräche, Antworten, Fragen? Reisen zu Fuss, mit dem Pferd, im Schlittengespann, mit dem Auto, dem Flugzeug, dem Schiff. Und die letzte? Wenn du aus dem Turm heraus bist? Womit? In einem hübschen kleinen Chalet aus Holz. Das sagte mir einmal ein alter Verrückter.»[36]

Der Kantonsrichter Louis Gross scheint seinen Fall gelöst zu haben. Ein kleiner Schönheitsfehler zeigt sich zu allerletzt. Nach Abschluss des Verfahrens muss dass Gericht zur Kenntnis nehmen, dass François Frachebourg gar nicht François Frachebourg heisst. Der Mann mit dem Decknamen Gourgoulin trägt schon unverdeckt einen gefälschten Namen. Diese Begebenheit stellt auch Walliser Historiker vor ein Rätsel.[37]

Schwache Schweiz

Während Farinet im Gefängnis einsitzt, haben wir Zeit, uns einer anderen Figur zuzuwenden, deren Geschicke auf eigentümliche Art mit denjenigen des Geldfälschers Farinet verknüpft sind.

Alexis Allet ist kein Produzent von falschem Geld – zumindest sieht er sich nicht so –, sondern eine hochangesehene Persönlichkeit. Aristokrat von altem Blut, Mitglied der Walliser Kantonsregierung und zeitweise deren Präsident. Von 1865 bis 1879 ist er gleichzeitig Staatsrat, Nationalrat und Bundesrichter. Ein Mann, geschaffen für die höchsten Würden des Staatswesens, Alexis Allet wird mehrmals als Kandidat aufgestellt für den Bundesrat, die schweizerische Landesregierung. «Führer der Katholisch-Konservativen nach 1848» nennt ihn der Politologe Erich Gruner.[38] Eine grosse Nummer.

Auch dieses Mannes Geschäfte gehen schlecht. Er ist der Politiker, der für die schwere Krise verantwortlich gemacht wird, die das Wallis damals erschüttert: den Zusammenbruch der Kantonalbank! Er wird ob dieser Affäre aus Amt und Würde gejagt werden. Und Farinets Unternehmen wird davon profitieren, als die Farinet-Bande die Prägemaschine erneut in Betrieb nimmt.

Die Fundamente der Schweiz sind ungefestigt, der junge Bundesstaat ist heiss umstritten. Eben wird über eine Totalrevision der Verfassung debattiert. Besonders das Wallis ist skeptisch gegenüber der nationalen Vereinheitlichung und wird die Verfassung am 19. April 1874 mit 19 368 Nein gegen 3558 Ja ablehnen. Das Bundeskorsett ist nichts für die ungebärdigen Walliser. Jahrelang verhandelt der Walliser Grosse Rat nur schon über die Detailfrage, wie der Kanton die Bundesregelungen «sur l'heimath-losat», über die Einbürgerung der Fahrenden, handhaben will, ein Beispiel für den Unwillen, sich der neuen nationalen Obrigkeit zu fügen.

Die Zugehörigkeit des Wallis zum helvetischen Bund ist noch keineswegs zementiert. Jahrelang war die Region ein unabhängiges Staatsgebilde und das Unterwallis darin Untertanengebiet der Oberwalliser. Aufstände führten die Unterwalliser in die Arme Frankreichs, das ihnen zuerst eine Unabhängigkeit unter Pariser Schirmherrschaft zugestand, ehe Napoleon das Gebiet als Departement «Simplon» mit dem Hauptort Sion seinem Frankreich eingliederte. Nach dem Zusammenbruch des napoleonischen Reiches bleibt das Wallis skeptisch gegenüber dem sich herausbildenden schweizerischen Bundesstaat, dem man 1815 nach heftigen inneren Auseinandersetzungen doch beitreten wird – angesichts der Rückkehr Napoleons an die Macht auch aus Furcht, wieder Frankreich einverleibt zu werden. Man träumt weiter von der Rückkehr zu einer unabhängigen Republik, vor allem im Unterwallis. Eigenes Geld kann ein Schritt zu dieser Republik sein.

Die Krise der Kantonalbank

Im jungen Schweizer Bundesstaat können die Kantonalbanken weiterhin eigene Banknoten herausgeben, während die Prägung von Hartgeld dem Bund vorbehalten ist. Als 1856 auch im Wallis eine Kantonalbank gegründet wird, stärkt dies das regionale Selbstgefühl. Eigenes Geld!

Gewiss ist die Kantonalbank ein Organ des spriessenden Kapitalismus, der die Kantonsgrenzen durchwächst wie Unkraut, um sich auf allem Terrain zu verbreiten. Zugleich ist sie als staatliche Einrichtung und wegen der personellen Verflechtungen mit der Walliser Regierung eine Festung der Konservativen, die im Wallis seit 1857 am Ruder sind.

35

Ausgerechnet diese Festung gerät ins Wanken, als bekannt wird, dass Alexis Allet, der Vorsteher des Walliser Finanzdepartementes und Präsident des Bank-Verwaltungsrates, zu fragwürdigen Methoden gegriffen hat, um die Liquidität der Bank zu sichern. Im Namen des Staates hat er der Kantonalbank Wechsel von kurzer Laufzeit ausgestellt, um Engpässe zu überbrücken – Papiere, mit denen die Regierung die Verpflichtung eingeht, bis zu einem bestimmten Zeitpunkt bestimmte Summen Geldes zu zahlen. Die Walliser Regierung hat die Papiere teils in Anerkennung von Schulden, teils als Vorschüsse ausgestellt. Mit der Zeit sind die Engagements des Kantons bei der Bank auf Millionen angewachsen.

Doch als die Wechsel fällig werden, fehlen dem Staat die Mittel, um zu bezahlen. Das System beginnt zusammenzubrechen. Die Regierung kann der Kantonalbank kein Geld hinüberschieben, und die Bank ist nicht liquid, weil sie Kredite gewährt hat an Leute, die ebenfalls nicht zahlen können, an Bauern, kleine Industrielle, Gemeinden; und leitet sie auch Betreibungen ein, so fruchten diese nichts. Wo die Bank aber Wechsel selber als Zahlungsmittel zur Deckung ihrer Verpflichtungen weitergegeben hat, klagen nun Privatleute gegen den Staat, weil sie richtiges Geld für die Papiere in ihren Händen wollen.

Der Grosse Rat verweigert Allet eine weitere staatliche Anleihe, mit welcher der Staat zu Geld kommen und seine Schulden bei der Bank bezahlen könnte. Die Bank bleibt illiquid. Das ist der Anfang vom Ende.

Die Krise bricht auf wie eine Blase, sie beschäftigt Presse und Politik während Jahren. Ende Dezember des Jahres 1870 tritt der starke Mann im Kanton, Regierungsrat Alexis Allet, zurück. «Le dictateur» stürzt.[39]

Am 12. Januar 1871 werden die Schalter der Walliser Kantonalbank geschlossen.

Als die Kantonalbank wankt, gefährdet das nicht das Hartgeld – das vom Bund herausgegeben wird –, wohl aber das von ihr editierte Papiergeld. Die Kantonsregierung muss die Öffentlichkeit auffordern, die ungedeckten Noten gegen Münzen des Bundes umzutauschen; wenig später werden die Banknoten ausser Kraft gesetzt. Das ist die Grundlage für die damals verbreitete Auffassung: «Farinets Geld ist besser als das der Regierung.» Wenn der Regierungspräsident Allet selber Millionenbeträge auf Papieren zeichnen kann, die sich als wertlos erweisen, wie soll ein Farinet nicht Metallstücke mit 20-Rappen-Prägung herstellen dürfen, die solide sind wie diejenigen aus Bern? Zumal Bern auf die Einziehung der Farinet-Münzen verzichtet hat?

Die dem Freisinn nahe stehende, gegen den Konservativen Allet agitierende Presse nimmt nach der Verhaftung der Farinet-Bande das Motiv auf: «Deine Regierung hatte Geld mit Wechseln produziert», höhnt sie, «aber es war falsches Geld, falscher noch als jenes, das in Martigny produziert worden ist. Warum also verurteilt man die Fabrikanten von Martigny, während man die anderen laufen lässt?»[40]

Das Konkursverfahren über die Walliser Kantonalbank wird eingeleitet, die Krise beschäftigt mehr als zehn weitere Jahre die Politik – praktisch überschattet sie die ganze Zeit von Farinets Wirken im Wallis bis zu seinem Tod. Schliesslich wird die Walliser Kantonalbank liquidiert.

Ein ganzes Jahrzehnt – die 1870er Jahre – steht also unter dem Banne einer Finanz- und einer Falschgeldaffäre.

Wenn Farinet von diesen Entwicklungen nicht bewusst Kenntnis genommen haben sollte, würde sein Handeln umso mehr von sicherem Instinkt zeugen. Doch Farinet ist im Besitz von Zeitungen; er braucht sie zumindest, um Hände und Maschinen abzuwischen. Denkbar, dass er hin und wieder hineinschaut, während die glühende Schmelze abkühlt. Er kann lesen und schreiben. Sicher ist ihm das wiederholt erscheinende Inserat im Walliser «Confédéré» aufgefallen: «Mechaniker in Vevey. Erfahrung im Bau von Schraubenpressen, Schraubenzwingen, Winden und Körben von verschiedenen Systemen…»[41] Es wirbt für ein Geschäft namens Dentan; den Namen muss man sich merken: Die Firma kann nützlich sein.

II. Im Sumpf

Adieu und Tschüs

Farinet demissioniert. Er will nicht länger auf Staatskosten als Pensionär im Gefängnis von Sion leben. Es geht indes nicht so einfach wie mit Alexis Allet: Man will ihn zurück.

Es ist Tag der Auffahrt Mariae, als Farinet die Zelle verlässt. Knapp einen Monat nach der Urteilsverkündung, am 13. August 1871, türmt er mit sieben Mitgefangenen, unter ihnen der treue Gehilfe Louis Luisier. Frachebourg bleibt zurück. Die mündliche Überlieferung sagt, Farinet habe dem Gefängniswärter Berthousoz einen Teller mit heisser Polenta ins Gesicht gedrückt, bon appetit. So war der ausser Gefecht.

Von diesem peinlichen Ereignis weiss ein verängstigter Gefängnisdirektor nichts, der dem kantonalen Polizeikommando einen Rapport über die «Katastrophe» schreiben muss. Immerhin erwähnt er, dass die Gefangenen am Morgen Suppe gegessen hätten und dann in den Hof gelassen worden seien. Bei der Rückkehr hätten sie den Wächter blitzschnell überwältigt und eingesperrt.[42]

Durch ein Fenster ist den Häftlingen offenbar ein Nachschlüssel in den Bau geschmuggelt worden. Luisier hat das Haupttor geöffnet, und die Gefangenen sind still und heimlich entwischt. Ohne – der Bericht des Gefängnisdirektors vermerkt es mit Empörung – hinter sich die Türe auch wieder zuzuschliessen.[43]

Farinets Ausbruch mit Hilfe der heissen Polenta hinterlässt seine Spuren in der Unterwalliser Küche. So erscheint, als wir für die Recherche in der Gegend leben, die «Pizza à Farinet» auf der

Menükarte des Restaurants «Du Vieux Bourg» in Saillon. «Der Boden einer ofenfesten Schale wird mit einer Schicht Gorgonzola ausgelegt», erläutert die Wirtin. «Dann wird vorgekochte Polenta hineingegossen und das Ganze mit einer Schicht Bergkäse gedeckt. Darüber streut man feingeschnittene Zwiebeln. Schliesslich wird das Gericht im Ofen gebacken und gratiniert.»[44] Angenehm im Gaumen, unangenehm im Gesicht.

Die Flüchtigen können solche Spezialitäten kaum genossen haben. Ein Trupp in Gefangenenmontur zieht der Eisenbahnlinie entlang, weicht aus in ein Seitental, ins Val d'Hérens, wo sich die Spuren verlieren. Acht Tage später werden Farinet und ein Gefängniskumpel gefasst, die im Maiensäss eines Freundes Unterschlupf gefunden haben, im Weiler Fionnay zuhinterst im Bagnestal. Sie haben einen Karabiner bei sich. Luisier bleibt länger draussen und kehrt angeblich freiwillig hinter die Mauern zurück, vermutlich frierend und hungernd wie eine marodierende Hauskatze.

Das nächste Mal wird Farinet es allein versuchen. Die Gelegenheit ergibt sich erst ein Jahr später. Er hat im Gefängnis einen Landarbeiter aus der nahegelegenen Gemeinde Fully kennengelernt, der eingesperrt worden ist, weil er einen Dorfbewohner verleumdet habe: Joseph-Pierre Vérolet – der uns wieder begegnen wird. Ein Landarbeiter von schon 55 Jahren ist es, der Farinet einen Strick geliefert und eine Säge hergestellt hat, so die Beschuldigung. Die Säge soll jener aus der Spannfeder eines Damenrockes hergestellt haben: Krinolinen, die in Mode gekommen sind, offerieren ungeahnte Möglichkeiten; allerdings wird Vérolet abstreiten.

Jedenfalls entkommt Farinet am 9. Juli 1872, laut hochoffiziellem Eintrag im Gefangenenregister, «par le privé» – durch die Toilette.[45]

Diesmal schafft er es. Vor ihm breitet sich die Rhoneebene aus. Der Falschmünzer ist frei – aber krank. Ein Zeuge berichtet, wie er Farinet nachts begegnet sei. Beim Wasserlassen habe dieser geseufzt und geklagt, ihn plage eine venerische Seuche.

Im Rhonetal

Das Rhonetal ist in den siebziger Jahren des vorletzten Jahrhunderts noch nicht die gewalzte Ebene mit dem Flusslauf im Betonkorsett. Das Wasser verzweigt sich in Arme, hinterlässt Tümpel und verwandelt den Boden in Sumpfgebiet. Dazwischen wachsen langgezogene Inselchen, zu denen keine Brücke führt. In den Auen wuchern Sumpfpflanzen und nisten Tiere, sogar Sanddünen gibt es in all dem Nass. Eine pittoreske Landschaft, aber ungesund und nicht kultivierbar. Periodisch kommt es zu Überschwemmungen weiter Gebiete.

Die Trockenlegung der Sümpfe ist eines der grossen Themen der Zeit, die Eindämmung der Rhone erst ein paar Jahre zuvor beschlossen worden. 1863 beginnen die Bauarbeiten zur Begradigung des Flusslaufs zwischen Saxon und Fully. Erst im 20. Jahrhundert wird die Korrektion Früchte zeigen und die Ebene zwischen Saxon und Fully in jenes «Kalifornien» verwandeln, wo Tomaten reifen und Aprikosenbäume blühen. Davon haben die Leute geträumt.

Noch bietet das Tal Gesetzlosen mancherlei Zuflucht. Farinet gelangt nach Fully – die Heimat seines Fluchthelfers Vérolet –, wo kurz zuvor eine Überschwemmung Dämme eingerissen hat. Da herrschen Armut, Schmutz und Not. In einem Weiler der Gemeinde hat wenige Jahre zuvor die Cholera Dutzenden von Menschen den Tod gebracht. Vertrieben durch einen trüben Alltag, in dem der jährliche Eselsmarkt das bedeutendste Ereignis ist, wandern die Leute aus; die Einwohnerzahl geht zurück.

Doch Farinet weiss: Wo viel Not ist, sind die Behörden fern. In Fully ist nicht ein einziger Kantonspolizist stationiert. Und doch lassen sich von hier aus über kleine Pässe auch die Gebiete am Grossen St. Bernhard leicht erreichen. Früher oder später wird er sich seiner Heimatgemeinde Saint-Rhémy nähern, sobald es die Umstände erlauben.

Alles ist in Unordnung in diesem Tal. Die Natur, das Bankwesen, der Staat. Von Aufbruch sprechen die einen, unglückliche Zeiten sind's für die bäuerliche Mehrheit. Die ideale Voraussetzung für das Auftreten eines Mannes wie Joseph-Samuel Farinet, der die Gesetze selber macht. Angesichts des Projekts einer neuen Bundesverfassung, die 1872 schweizweit abgelehnt werden wird, und einer neuen Vorlage, die 1874 im Wallis immer noch auf Ablehnung stösst, angesichts einer wegen des neuen Bundesrechts notwendigen Revision der Kantonsverfassung und der Anpassung unzähliger kantonaler Gesetze, weiss keiner recht, was gilt. Und wo Gesetze im Fluss sind wie frisch geschmolzenes Eisen, können sie gar nicht gebrochen werden. Glauben jedenfalls einige.

Da hält man sich gern an die Weisheit, die eine kluge alte Walliserin – die Weberin Marie Métrailler aus dem Val d'Hérens – noch im 20. Jahrhundert verkündet: «Wenn dir das Gesetz leben hilft, folge ihm. Wenn es dich erdrückt, lehne es ab.»[46]

Seltsame Bahnfracht

Doch ja, auch von Aufbruch sprechen einige. In den Sümpfen von Fully ist der Fortschritt allerdings erst von Ferne zu hören: Täglich fahren zwei Züge im unteren Rhonetal hin und her, gezogen von eleganten Dampflokomotiven englischer Bauart, mit blechverkleidetem Chassis, schlankem Kamin, Bullaugen in der Führerkabine und modisch schräggestelltem Führerstandsdach. Sie werden vom Gendarmen, der in Sion Bahnhofdienst hat, in Achtungsstellung empfangen. Zwar sind auch diese Maschinen seit der Einweihung vor einem Jahrzehnt schon etwas heruntergekommen, doch künden sie von einem Aufbruch, der einmal das Tal erfassen soll: Die Eisenbahnlinie von Bouveret am Genfersee in die Kantonshauptstadt Sion und talaufwärts soll schliesslich bis zum Simplon führen und durch ihn hindurch, weshalb die Gesellschaft, die den Anfang macht, den grossartigen Namen «Ligne d'Italie» trägt.

Wer den Anschluss an die neue Zeit finden und zu Reichtum kommen will, bedient sich dieses Verkehrsmittels. Gewerbetreibende verschieben ihre Waren. Glücksritter strömen zur Badestation von Saxon, an der Strecke gelegen, wo ein Spielsalon in Betrieb ist.

Dreimal kommt im Verlauf des Jahres 1872 eine ungewöhnliche Sendung vom Genferseegebiet her im Bahnhof Saxon an. Da ist eine 120 Pfund schwere Kassette mit Maschinenteilen, verschickt von einer mechanischen Werkstätte und Giesserei M. Dentan in Vevey. Der Arbeiter Vérolet holt sie gemeinsam mit dem Militärkommis Roduit ab. Auf kritische Fragen hin antwortet einer, es seien Pumpen für Brunnen darin.

Gegen Nachnahme bringt die Bahn weitere Sendungen, sie werden in den Büchern des Bahnhofvorstandes verzeichnet. Der Bahnhofvorstand mag einen Transfer, der verdächtig aussieht, begünstigt haben, er ist jedenfalls den Mächtigen im Ort gar nicht grün. Als ein irländischer Casinogast seiner Verlobten nachgestellt hat, macht er dem Fremden eine wüste Szene – worauf der Casinobesitzer in einer Eingabe rügt, «dass der Bahnhofvorstand in Saxon zum echten Problem wird wegen der Animositäten, die er unter den Fremden hervorruft».[47]

Im Bannkreis des Casinos

Der Casinobesitzer wirkt als der König am Ort, mehr noch: «Zar» nennen ihn einige. Er ist nicht nur in einer Person Eigentümer und Betreiber der Thermalbäder von Saxon, die er um das Spielcasino bereichert hat. Er ist auch der Gemeindepräsident.

Saxon ist der einzige offiziell zugelassene Spielbetrieb in der Schweiz und konkurriert europaweit mit Baden-Baden und Monaco. Ein grösserer Gegensatz lässt sich kaum denken: Rundum im Rhonetal die ärmliche lokale Landbevölkerung, mittendrin der Spieltempel, die Vergnügungsstätte einer amüsierlustigen internationalen Klientel.

Das Casino zieht das Geld an. Ob echt, ob falsch.

Schon Ende sechziger Jahre erscheint in einer Walliser Zeitung die eigentümliche Meldung: «Ein in Saxon wohnhafter Fremder wechselt 20-Rappen-Stücke gegen zwei Noten zu tausend Franken.»[48] Man hätte gern Kenntnis, ob die Zwanzigräppler einer näheren Prüfung unterzogen worden sind. Die Sache ist ungeklärt. So wie nicht dokumentiert ist, ob Farinet bei seinen Streifzügen am Roulettetisch sein Glück versucht hat. Leider sind die Gästebücher des Casinos verschollen, weshalb wir nicht wissen, ob vielleicht ein Joseph-Antoine Chantre – oder ein anderes der Pseudonyme, unter welchen Farinet aufzutreten pflegte – darin gestanden hat.

Im Februar 1873 verhaftet der Gendarm von Saxon – in diesem illustren Ort ist nun ein Kantonspolizist stationiert – in der Nähe des schmucken Casinos einen Mann aus dem benachbarten Fully. Der hat einen Kauf in einer Metzgerei mit den bekannten Zwanzigräpplern aus dem Jahr 1850 bezahlen wollen, ist aber an einen Misstrauischen geraten.

Der Mann wird gestellt. Er scheint etwas dumm zu sein. Man führt ihn vor den Gemeindepräsidenten und nimmt ihm weg, was er auf sich trägt: ein Pfund Flachs, frisch eingekauft, etwas Lebensmittel, sechs Blutegel. Bei der genaueren Durchsuchung findet man einen Einkaufszettel mit der ganzen Bestellung. Hinter der Position «Brot» steht klar und deutlich «für Farinet». Der Einkäufer hätte den Zettel auf dem Weg zur Befragung wenigstens verschlucken können.

Dem Gemeindepräsidenten müssen die Ohren geklingelt haben. Die Beobachtung eines kriminellen Milieus, das im Casino Geld waschen will, gehört zu seinem Beruf, und ich nehme deshalb an, dass Joseph Fama von der Prozesssache Farinet in Martigny Kenntnis genommen hat.

Fama hat jedenfalls Grund, den Fälscher zu fürchten. So erstattet er denn auch unverzüglich Anzeige beim Gericht in Martigny.[49]

Dass die Blutegel dem an einer Lustseuche leidenden Geldfälscher Linderung verschaffen sollen, ahnt auch er kaum.

Herr des Glücks

Der Gemeindepräsident, Kurbad-Direktor und Spielcasino-Besitzer Joseph Fama ist es, der die neue Jagd auf den Outlaw Farinet eröffnet. Nicht nur, weil er sich um seine internationale Kundschaft sorgt und auf einen tadellosen Ruf seiner Gemeinde bedacht ist. Auch weil er selber den Ruch der Gesetzlosigkeit erst vor kurzem abgestreift hat und als Mann der Ordnung gelten will.

Er hat ein bewegtes Leben hinter sich. Aufgewachsen in der Hafenstadt Split in Dalmatien, wird er Pfarrer, doch reisst er die Soutane herunter, um in Hauptmannsuniform an den italienischen Unabhängigkeitskriegen teilzunehmen. Nachdem er ein 16-jähriges Mädchen geheiratet hat, erwirbt er im Wallis eine Kohlenmine, die aber nicht rentiert, und später die serbelnden Bäder von Saxon. Unter seiner Geschäftsleitung wird entdeckt, dass das Wasser nicht nur warm, sondern auch mineralhaltig ist, wobei böse Zungen behaupten, der Jodgehalt habe von unabhängigen Experten nur nachgewiesen werden können, wenn diese ihre Inspektionen vorher angekündigt hätten.

Fama aktiviert die auf der Liegenschaft bestehende Spielbankenkonzession und gründet einen distinguierten «Cercle des étrangers» – einen Zirkel der Auswärtigen –, dem angehören muss, wer sein Glück versuchen will. Aus dem kleinen Badeort wird bald «Saxon-les-Bains».[50]

Im Ballettsaal spielen Madame und Monsieur Roulette oder Trente-et-Quarante und Whist und Billard. Einer der bekanntesten Casinobesucher ist Feodor Michailowitsch Dostojewski, der russische Dichter, der schreibt, um Spielschulden bezahlen zu können, und spielt, um schreiben zu können. Der Autor einer eindringlichen Darstellung von Spielleidenschaft weilt dreimal in Saxon – und dreimal verliert er da sein letztes Geld. Bevor er sich unter den Zug wirft, reisst ihn ein Hotelangestellter zurück. Die Züge fahren noch nicht so schnell.

Das Casino von Saxon ist zeitweise der grösste Steuerzahler im Wallis. Der Besitzer verfügt über die besten Beziehungen zum Walliser Establishment – und zu Alexis Allet, dem starken Mann der Regierung vor dem Zusammenbruch der Kantonalbank. Allet gerät unter Beschuss, weil er die schützende Hand über das Casino halte. Jedenfalls ist er einem Sohn des Casinobesitzers Götti.[51]

Wenn das wirtschaftliche Fundament des Staatswesens auf dem Geldspiel beruht, ist nachvollziehbar, dass die einfachen Leute versuchen, ihr eigenes Spiel mit dem Geld anzufangen. Ausgerechnet in Famas geordnetes Reich, den mondänsten Ort im Wallis, bricht also Farinet ein, der nicht nur das Prinzip Unordnung verkörpert, sondern auch die Devise: Das Volk macht, was es will. Auch Geld.

Hoffnung der Armen

Richter Louis Gross, wieder ist es dieser, ordnet sofort die Verhaftung Farinets und seiner Komplizen an. Offenbar verfügt er über genug Hinweise, wo sich der Gesuchte aufhält.

Ein Grossaufgebot von Gendarmen – zumindest für die damalige Zeit: es sind zehn Mann – besucht das Haus Vérolets, des alten Landarbeiters und einstigen Gefängnisgenossen. Es kommt zu einem Auflauf. In der Dunkelheit weiss man kaum, wer auf welcher Seite steht. Jemand ruft: «Im Namen des Gesetzes!» Vérolet stürzt, dann wird er in Handschellen gelegt. Im Tumult entkommt ein Schatten.

Den Gesuchten haben die Gendarmen nicht gefunden, nicht in den Weinbergen und auch nicht in jener Scheune, deren Heu der Tochter Vérolets gehört, wo immerhin die Abdrücke einer Person entdeckt werden, die hier geschlafen haben muss. Vielleicht hätte man zu einem anderen Zeitpunkt die Tochter selbst mit Farinet im schönsten Traum überraschen können, sie ist Witwe.

Bei ihr befand sich eine Zeit lang auch die Prägemaschine. Ein andermal war diese in einer Grotte versteckt, wo Farinet ein bewohnbares Atelier eingerichtet hatte.

Wieder rollt die Eisenbahn und bringt einen Gefangenen nach Sion. Vérolet grüsst die wohlbekannten Silhouetten des Schlosses Tourbillon und der Kirche Notre-Dame-de-Valère.

24 Personen werden vom Untersuchungsrichter verhört. Schon fast eine Sekte, die einem Propheten gefolgt ist, der das Ende ihrer Schuldenwirtschaft versprochen hat.

Neun stehen schliesslich vor dem Richter Gross – Farinet ist nicht dabei –, eine beträchtliche Zahl für die Gemeinde Fully. Diesmal sind es keine schlitzohrigen Gewerbetreibenden, keine Fellhändler und Ofenbauer. Als einer von ihnen gefragt wird, wer zu Farinets Umgebung gehört habe, antwortet er treuherzig: «Acht Dummköpfe, wenn man mich dazunimmt.»[52] Ob da auch dieser oder jener zu Unrecht verdächtigt wird, sei hier vernachlässigt.

Dem 55-jährigen Landarbeiter Vérolet sind wir schon begegnet. Er ist arm. Der Gemeinderat hat ihn einmal wegen Maisdiebstahls anzeigen wollen, ihn dann aber laufen lassen. Lesen kann Vérolet wie die meisten andern nicht. Gefragt, ob er Entlastungszeugen vorbringen wolle, um sich zu verteidigen, antwortet er: Nein. «Ich will mich nicht in unnütze Unkosten stürzen.»[53] Er wolle nach Amerika auswandern.

Maurice Léger – er hat das Brot und die Blutegel eingekauft und wurde erwischt – ist 22-jährig und halbtaub. «Es ist die Armut, die mich das hat machen lassen», erklärt er, «denn wir sind sechs Kinder; mein Vater, meine Mutter und eine Tante wohnen im Haus, und nur mein Bruder und ich können arbeiten.»[54] Er hat gehofft, durch Farinet zu einem etwas besseren Leben zu kommen. Ein Zeuge berichtet, die Ehefrau des unglücklichen Léger habe in einem Laden gesagt, sie könne zwar im Moment nicht zahlen, wohl aber am folgenden Montag, wenn die Geschäfte gut gingen. Auch Léger ist müde und gleichgültig, will sich ebenfalls nicht verteidigen, will nicht wissen, wann das Gericht das Urteil berät, will keine Protokolle einsehen, empfiehlt sich nur der Milde der Justiz.

Frédéric Cajeux: «Ich habe sechs Kinder und weder Getreide noch Kartoffeln seit Weihnachten, nur ein wenig Mais.» Im Protokoll liest man, «dass der Vorgeführte ein wenig simpel ist».[55]

Oder Jean-Symphorien Bender. Auch er hat dem Falschmünzer Geld vorgeschossen, damit dieser Geräte und Material kaufen kann für die Wiederaufnahme der Produktion. Farinet hat versprochen, dass Bender seine Schulden werde bezahlen können. Doch zuvor eben hätten sie alle zu investieren. Farinet als Hoffnung der Armen! Bender ist 50-jährig; sein Leben wird bald vorbei sein. Nach dieser unseligen Geschichte steckt er noch tiefer im Dreck. Offenbar ist er 1875 tatsächlich nach Brasilien ausgewandert.[56]

Der Einzige in sozial gesicherter Stellung ist Gabriel Roduit. Er ist Militärkommis bei den Kantonstruppen – der als Gehilfe des Sektionsoffiziers die Bestandesregister zu führen und bei Truppenappellen zu assistieren hat. Ein Staatsangestellter immerhin, der wohl weiss, was er riskiert, wenn er Farinet unterstützt. Die Roduits scheinen schreiben zu können: Gabriels Bruder Charles-Louis jedenfalls hat die Einkäufe auf jenem Zettel notiert, welcher Anlass gab für die Aufdeckung der Affäre.

Während die Männer in Farinets verschwisterter und verschwägerter Anhängerschaft oft schwächlich wirken, sind die Frauen draufgängerisch. Sie finden meist den ersten Kontakt zum flüchtigen Fälscher, bieten ihm Suppe und Unterkunft an, und dies nicht nur seiner persönlichen Attraktivität wegen, sondern durchaus aus Fürsorge um die eigenen Familien. Véronique Léger-Vérolet, 52-jährig, die Farinet 14 Tage lang gepflegt hat, hält ihrem Mann, als er den Gast davonjagen will, entgegen: «Wenn er unsere Schulden bezahlt, werden wir glücklich sein.»[57]

Traum von den freien Wilden

Alle haben sie offenbar von Amerika geträumt, etliche reden in den Einvernahmen davon. Amerika ist das Land der Hoffenden und der

Verdammten. Erst 1867 hat das Walliser Parlament beschlossen, dass keiner mehr in die Überseeregionen deportiert werden dürfe. Freiwillig allerdings darf jeder Straffällige weiter hin.

Farinet weiss um die Sehnsüchte, weiss um den steigenden Reichtum dort, er soll phantasiert haben, er könne in den Häfen drüben Silbergeld vertreiben.[58] Wahrscheinlich hat er, dazu braucht es kein Fernsehen, authentische Berichte aus Amerika vernommen. Warum nicht jene Berichte, die über den Chorherrn auf dem Grossen St. Bernhard, Pierre-Joseph Deléglise, ins Land gekommen sind: Er steht in Kontakt mit emigrierten Verwandten? In deren Briefen ist die Rede von Gegenden, wo der Zuckerahorn und die Linde gigantische Ausmasse erreichen – Wisconsin heisst die Region. Und von edlen Wilden. «Ihr Charakter ist in vollkommener Harmonie mit ihrem Leben: es ist der Typ des gleichmütigen Nichtstuers.»[59]

Wenn man nicht zum Nichtstuer werden will wie die Rothäute, kann man Büffel jagen, aus dem fahrenden Zug heraus: «Wir haben Herden gesehen», berichtete ein Walliser, «die trotz unserer Schiesserei und dem Blutopfer, das der Zug anrichtete, uns Seite an Seite folgten und zu überholen versuchten.»[60]

Amerika ist das Land der Hoffnungen auch für Farinet, oder zumindest England. «Farinet hat seiner Freundin Adelaïde noch ganz am Schluss versprochen, sie würden zusammen nach England auswandern», gibt der Urenkel das weiter, was ihm Farinets Tochter noch erzählt habe. «Er hatte vernommen, dass dort auch Privatpersonen mit staatlicher Erlaubnis Geld herstellen dürfen.» Mochettaz nimmt einen Schluck: «Doch bevor er das verwirklichen konnte, ist er in Saillon ums Leben gekommen.»[61]

Unter Gaunern

Mag Farinet in den Sümpfen des Rhonetals als Erlöser empfangen worden sein, manchen ist er auch als Ausbeuter erschienen.

Pierre Léger – der Käufer von Blutegeln – beklagt sich: Farinet habe ihm für alle Mühen und die gelieferten Nahrungsmittel nur 14 Franken bezahlt. Selber ein Blutegel so einer.

«Ich halte ihn für einen Betrüger, einen Lügner, einen Taugenichts, einen Vielfrass und einen Schürzenjäger», sagt über die Massen erzürnt Gabriel Roduit, der allerdings die Schuld für seine eigene Verwicklung in die Geldfälscheraffäre einseitig den Verführungskünsten des andern anlastet.[62]

Roduit behauptet gar, Farinet habe durch Vérolet die Drohung übermitteln lassen, ihm den Bauch aufzuschlitzen, wenn er keine Nahrungsmittel liefere. Allerdings hat auch Roduit Gaunermanieren: Als Farinet fluchtartig Fully verlassen muss, holt Roduit die Prägemaschine in sein eigenes Haus. Drei, vier Jahre später wird Farinet bei ihm auftauchen und die Herausgabe des wundersamen Gerätes verlangen. Roduit weigert sich. Farinet droht, ihn umzubringen. Da übergibt Roduit – der Geldproduzent, der es nicht wirklich geworden ist – die Maschine dem Gericht. Eine Zeitung bezeichnet Roduit mit einiger Übertreibung als «Farinet II».[63]

Geld regiert die Welt. Hat nicht Farinet selber geschrieben, mit Geld habe man immer Freunde, mit Geld werde man von der Welt geschätzt?[64] Für ihn ist Geld das wichtigere Bindemittel als Freundschaft, jedenfalls im Umgang mit Männern.

Er sei bloss ein niedriger Dieb, heisst es. Er habe die Chorherren im Hospiz bestohlen, habe Schinken und Decken mitlaufen lassen.

Farinet verteidigt sich, er habe die Gegenstände wieder zurückgebracht.

Und schliesslich heisst es gar: Er sei ein Mörder, er habe einen Zöllner umgebracht.

Das allerdings ist unwahrscheinlich. Die Anschuldigung taucht in keinem der Prozesse auf Schweizer Boden mehr auf, obwohl das Gericht Bagatellen wie den Schinkendiebstahl auf dem St. Bernhard-Hospiz genüsslich ausbreitet.

Vor Gewalt schreckt er zurück. Am Schluss seines Lebens, als die

Gendarmen – darin sind sich die Zeugen einig – geschossen haben, hinab in die Schlucht, wo Farinet festsitzt, da schiesst Farinet nicht zurück. Vielleicht auch, weil er kaum mehr kann; weil er verletzt ist. Aber das Gewehr, das er einmal besessen hat, hat er allem Anschein nach verkauft. Und der bei Farinets Leiche gefundene Revolver ist nach Protokoll mit sechs Schuss durchgeladen. Geladen. Keine Kugel fehlt.

Der Heilige

Die Menschen haben Farinet Fleisch und Brot und Wein gegeben und auch Geld, und er hat ihnen versprochen, dass sie genug Geld haben würden, um das Dach zu reparieren oder sich freizukaufen von allen Verpflichtungen. Es gibt welche, die ihre letzte Kuh verkauft haben, auf vage Versprechungen hin.

Immer schon ist man hier auf Wunder angewiesen, wenn man je aus dem Dreck kommen will. Man sorgt bei der Taufe vor, zumindest wird von einem Aberglauben aus einem Seitental der Region berichtet: Wenn einer als Pate bei der Taufe eines Kindes mitwirkt und wünscht, reich zu werden – er, nicht das Kind! –, brauche er nur ein 5-Franken-Stück auf das Käppchen des Babys legen, bevor der Priester das Wasser auf dessen Stirne gegossen hat. Wenn gesegnetes Wasser auf die Münze tropfe, werde man diese nach Belieben ausgeben können: Sie kehre immer wieder ins Portemonnaie ihres Besitzers zurück.

Was das Kind betrifft – es ist nicht getauft worden.[65]

Die elende Situation in Fully ist die soziale Folie für den Farinet-Biografen Tharcisse Crettol – einen Kapuzinermönch aus Sion, der für sein Buch in der Gegend Oral-History betrieben hat. Vor diesem Hintergrund verklärt er Farinet als Helfer der Armen: «Das tiefe Motiv des jungen Mannes aus dem Aostatal war keineswegs die Habsucht», schreibt er enthusiasmiert; «sein grösstes Vergnügen war, die Leute in Erstaunen zu setzen, indem er ihnen Geld mit vollen Händen zuwarf, um ihre Bewunderung und Gefolgschaft zu erlangen.»[66] Der Biograf hämmert aus der Not der Menschen eine Kapuzinerpredigt: Im Grunde sei das einzige Problem auf der Welt das des Brotes – Brot für das Leben des Körpers, aber auch für das Leben der Herzen und der Seele. Das Problem, das seine vollständige Lösung gefunden habe, indem das wahre Brot auf die Erde gekommen sei, das lebende Brot des Himmels.

Dann folgt die Schlüsselstelle in der Kapuziner-Darstellung Farinets, die auch zu einer Schlüsselstelle des ganzen Farinet-Mythos geworden ist: «Trotz seinen vielfältigen Streichen; im Vergleich zu denen, die auf den Hunger der Armen und auf die Fiktion des Menschenrechtes spekulieren, ist der sympathische Mann aus dem Aostatal noch ein Engel im Paradies», schreibt Crettol.[67] Es ist eine Heiligsprechung.

Die Farinet-Gedenkstätte in Saillon – «der kleinste Weinberg» der Welt – ist mittlerweile zum Kultort geworden, wo der Verbrecher angehimmelt wird. «Es ist klar, Farinet ist für die Freunde» – gemeint ist die Vereinigung der Freunde Farinets, die sich aus Anlass seines 100. Todesjahrs gebildet hatte – «ein Mensch in der Nähe des Himmels und des Göttlichen», schreibt der Schriftsteller Alain Bagnoud, der in der Gegend geboren ist, in einem Essay «Saint Farinet».[68]

Wenn denn Farinet ein Heiliger sein soll, kann ihm allerdings nur ein minderes Departement zugesprochen werden, wie dem Heiligen Antonius etwa die Gewalt über verlorengegangene Hausschlüssel. Ich würde den heiligen Farinet für Tanzanlässe zuständig erklären. Heute noch wird berichtet, dass er getanzt und musiziert habe – der geeignete Herr über Bälle, über jene bei hellem Licht und jene anderen, nächtlichen Verlustierungen, die in den Hinterstuben der Pinten und auf dem Kreuzpunkt zweier Waldstrassen oder gar auf eigentlichen Tanzplätzen in der Nähe der Alphütten stattfanden, ehe die Discos Einzug hielten.[69]

Doch der Heilige hat seine Versprechen nicht erfüllen können. Die Polizei hat zu früh zugeschlagen.

Ein Schlag ins Wasser

Mit dem Prozess gegen die Geldfälscherszene von Fully verdient sich Louis Gross – der Richterdichter – keine Lorbeeren. Das Gericht selber befindet am Schluss langwieriger Untersuchungen, es liege nicht viel Schuld bei diesen Armen. Ausser Farinet, dem es «in contumacia», in Abwesenheit, am 10. Juni 1873 fünf Jahre Zuchthaus aufbrummt (sie kommen zu seinen vier Jahren aus dem letzten Urteil dazu), verurteilt es die meisten Angeklagten zu anderthalb Monaten Gefängnis. Nur der Militärkommis Gabriel Roduit, der sich die Prägemaschine gern hätte aneignen wollen, kassiert zweieinhalb Jahre. Und Vérolet, der die Maschinerie aus dem Waadtland hat kommen lassen, wird zu zwei Jahren verknurrt. Auch er hat sich heimlich am Gerät versucht, um nicht immer auf den guten Willen des Meisters angewiesen zu sein. Doch zerbricht er die Mechanik, sie ist zu fein für seine Bärentatzen.

Alle haben sie den Outlaw unterstützt, auch weil es Tradition ist, dass man zusammenarbeitet mit denen, die sich auf der Flucht vor Justiz und Macht ins Rhonetal verirren.

Die Theorie des Sozialbanditen

Noch bei unserem Besuch rühmt sich ein Tourismusprospekt aus Fully des einstigen Aufenthaltes eines Mannes namens Robert Mandrin, der als «berühmter französischer Bandit und Pferdedieb» vorgestellt wird.[70] – Er war mehr als das, er war ein Held des 18. Jahrhunderts. In seinem Manifest gegen die Todesstrafe nennt der aufklärerische Geist Voltaire diesen Banditen Mandrin «den grossherzigsten aller Schmuggler».[71] Dabei liess die Spur seiner Feldzüge – er verschob mit seiner Bande in grossem Stil Tabak und Waffen – rund zwei Dutzend Tote zurück.

Dass er sich im Wallis aufgehalten habe, besagt zwar nur die mündliche Überlieferung, doch erscheint es nicht als unmöglich.

Mandrin ist der Ahnherr einer ganzen Reihe von Figuren, die, etikettiert als «Sozialbanditen», in die Wissenschaft Eingang gefunden haben. Es ist das Verdienst des Historikers Eric J. Hobsbawm, dem Begriff eine deutliche Prägung gegeben zu haben in einem Werk über Sozialrebellen und archaische Sozialbewegungen im 19. und 20. Jahrhundert. Er hat die Karrieren von Banditen in ganz Europa studiert und kommt zur Feststellung, dass sie sich gleichen.

Sozialbanditen seien meist junge und unverheiratete Männer, die mit Gesetz und Obrigkeit in Konflikt gerieten, oft in die Flucht gedrängt würden, doch sich als Widerständler meist nur kurze Zeit hielten, einige Monate, wenige Jahre.

«Es ist das besondere Merkmal der Sozialbanditen, dass Feudalherr und Staat den bäuerlichen ‹Räuber› als Verbrecher ansehen, während er jedoch innerhalb der bäuerlichen Gesellschaft bleibt und vom Volk als Retter, Rächer und Kämpfer für Gerechtigkeit betrachtet wird.»[72]

In der lebhaften Erzählung eines Nachkommen wird etwa der kalabrische Bandit Giuseppe Musolino – unter Hinweis auf die Überlieferung in der Grossfamilie – als «Rächer» vorgestellt, der nach einer ersten ungerechten Einkerkerung jene Dorfbewohner, die ihn verleumdet haben, verfolgt und tötet. Ein netter Massenmörder, der die unterdrückten Wünsche der Bauernbevölkerung verwirklicht, es für einmal den Mächtigen und Mafiosi zu zeigen, die den Alltag dominieren. Denn dieser Bandit ist kein Mafioso, er wäre gern Polizist geworden, der die Ordnung durchsetzt. Musolino gilt als einer der bekanntesten Briganten Italiens.[73]

Hobsbawm bestätigt: Solche Sozialbanditen würden von der Bevölkerung im Falle ihrer Flucht beschützt. Ihre Rolle sei es, von den Reichen zu nehmen und den Armen zu geben. Und nicht zu töten, es sei denn aus Selbstverteidigung oder als gerecht empfundener Rache. Freigiebig sein sei für sie eine Notwendigkeit, weil Männer ihrer Stellung in einer von alten Wertvorstellungen bestimmten Gesellschaft Macht und Rang durch Grosszügigkeit zu demonstrieren hätten.

Der Sozialbandit gehöre in eine vorindustrielle Welt. Tatsächlich trete dieser Typ auf, wenn das traditionelle Gleichgewicht der Gemeinschaft gestört sei, in Zeiten grosser Bedrängnis oder als Reaktion auf wirtschaftliche und soziale Umwälzungen. Revolutionäre seien solche nicht. «Sofern Banditen überhaupt ein ‹Programm› haben, geht es ihnen um Verteidigung oder Wiederherstellung einer traditionellen Ordnung der Dinge, ‹so wie sie sein sollen›.»[74]

In einer früheren Bearbeitung des Themas sagt Hobsbawm gar mit einem süssen Schuss Sozialromantik: «Wenn ihr Weg auch eine Sackgasse war, so sollten wir doch die Sehnsucht nach Freiheit und Gerechtigkeit, die sie antrieb, nicht leugnen.»[75]

Farinet entspricht in vielem diesen Kriterien. Er ist Schmuggler, was für die Leute eine ehrenwerte Tätigkeit ist, und versucht zudem, Anerkennung zu erlangen durch die Herstellung von Geld, das besser ist als das der Regierung. Er kommt in Konflikt mit dem Gesetz und erhält die Unterstützung vieler einfacher Menschen, als er auf der Flucht ist. Und Farinet ist jung, 24-jährig, als er im Bagnestal zum ersten Mal aktenkundig ist. Da hat er in Italien schon ein einschlägiges Vorleben. In einem entspricht Farinet nicht dem Täterprofil: Er hält es länger aus als die meisten Sozialbanditen. Ein ganzes Jahrzehnt lang wird er die Walliser Behörden verunsichern. Er kann damit als Veteran unter den europäischen Banditen gelten. Hobsbawm kennt diesen notorischen Falschmünzer und Gesetzesbrecher leider nicht.

Dass er einem sozialhistorischen Typus entsprach, hätte Farinet nicht interessiert. Jedenfalls hat er sich unter unserer gelehrten Erörterung längst davongemacht. Seit Wochen befindet er sich nicht mehr in Fully, hat die Gegend klammheimlich verlassen. Denn von

Anfang an hat er sich nicht zu Hause gefühlt in diesem Armenhaus. Da kann niemand fett werden. Die Armen sind zu arm. So vollzieht er eine Rochade.

III. Hinter den Bergen

Besuch in der Heimat

Wo ist Farinet? Aus dem Kantonsgefängnis ist er ausgebrochen. In Fully ist er auch ausgeflogen. Wir wissen es nicht. Doch sein Gewerbe hat zur Folge, dass dort, wo er wirkt, sich kreisförmige Wellen ausbreiten, als würde man Steine ins Wasser werfen.

Nach einiger Zeit tauchen im Aostatal falsche 50-Centesimi-Stücke auf. Im September 1873 wird der Gesuchte in der Cantina auf der italienischen Seite unterhalb des Grossen St. Bernhard verhaftet. In der Nähe seiner Freundin Adelaïde.

Die Geschichte dreht sich im Kreis. Farinet kommt in Italien ins Gefängnis, bricht aus, flieht wieder Richtung Wallis. Da erfährt er, dass Adelaïde an seiner Stelle in Haft genommen worden ist. Angeblich – so der Kapuzinermönch Crettol, man wird ihm das erzählt haben – macht Farinet kehrt und stellt sich in Aosta der Polizei, damit die junge Frau freigelassen wird. 1875 wird er in der piemontesischen Stadt Ivrea wegen Fabrikation der Centesimi des Königreichs Italien sowie wegen Diebstählen zu 30 Jahren Zwangsarbeit verurteilt.

Im Laufe seiner Karriere soll Farinet ausserhalb der Schweiz die Gefängnisse von Aosta, Ivrea, Annecy und Turin kennengelernt haben,[76] doch scheinen schriftliche Belege dafür nicht mehr zu existieren.[77]

Sicher sitzt er 1875 in Ivrea.[78] Die mündliche Überlieferung erzählt, dass der Gefängniswärter eine hübsche Tochter hat – die Handlung gleicht mittlerweile einer Barockoper, wie sie in Programmheften literarisch ungeniessbar zusammengefasst werden. Sie, die Tochter, soll von einem reichen Nachbarn geheiratet werden, doch hasst sie den. Sie verliebt sich in den schönen Häftling – interessieren da wirklich noch die Quellen?[79] – und gibt ihm Werkzeug, um einen Schüssel zu schmieden, gibt ihm Kleidung, um sich in einen ehrbaren Bürger zu verwandeln, und Wolle, um sich einen Strick und seinen Häschern eine lange Nase zu drehen. Und im Wallis glaubt man ihn noch im Aostatal hinter stabilen Mauern, während er schon wieder zurück ist.

Ein dummer Zwischenfall

Neun Stunden dauert der Fussmarsch von Saint-Rhémy im Aostatal bis Sembrancher im Entremont-Tal auf der Walliser Seite. Wieder einmal hat Farinet den Weg unter die Füsse genommen. Wieder einmal schreibt Richter Gross an seinen Amtskollegen im Aostatal, weil ihn falsche Münzen jucken: Es seien wieder solche Ungeziefer aufgetreten, und ob jener wisse, wo sich Farinet derzeit aufhalte? Der weiss es auch nicht.

Wie erinnerlich, hat der Militärkommis Roduit, Farinets Komplize aus der Zeit im Rhonetal, die Prägemaschine nach einem Streit der Justiz übergeben, statt sie in einer der Grotten zu lassen, wo sie still und brav ihren Dienst getan hat. Nun ist sie in den Händen derer, die sie nicht produktiv nutzen. Wieder muss Farinet seine Fabrik aus dem Nichts erschaffen. Fast scheitert er. Doch dann stolpert die Gendarmerie über ihre eigenen Füsse.

Dass sich die Landjägerei blamiert hat, deckt ein ausserhalb der Kantonsgrenze angesiedeltes Blatt auf, das «Journal de Genève». Bei einem Mechanikeratelier in Vevey am Genfersee hat ein Käufer aus Martigny die Herstellung einer Maschine in Auftrag gegeben. Der Inhaber des Ateliers, M. Dentan – nicht zum ersten Mal bedacht mit Aufträgen zweifelhafter Klienten –, avisiert die Kantonspolizei und diese ihre Walliser Kollegen. Die Walliser, klug kalkulierend, denken indes nicht daran, den Mann zu arretieren, der die Maschine abholt und per Bahn nach Hause transportiert, sondern hoffen, durch ihn zu Hintermännern geführt zu werden. So begnügen sie sich damit, die Reise der Maschine zu überwachen. Ein Waadtländer und ein Walliser Polizist sitzen im Bahnwagen, in Zivil, versteht sich. In Martigny wird ausgestiegen. Dann endet die Verfolgung. Was man noch weiss, ist, dass der Käufer mit der Maschine in einem Hauseingang im Städtchen verschwunden ist und dann nicht mehr gesehen ward. So das «Journal de Genève».[80]

Ganz lautlos kann das nicht vor sich gegangen sein, die Maschine samt Zubehör wiegt an die 200 Kilogramm. Doch sie hat sich in Luft aufgelöst und aufgelöst sind auch die Verantwortlichen. Mit einer Gegendarstellung meldet sich Richter Louis Gross aus Martigny in derselben Zeitung zu Wort: Nein, die Maschine sei nicht in einem Hauseingang verschwunden. Sie sei auf einen Pferdewagen geladen worden und im Pferdetrott Richtung Bagnestal weitergeschafft worden. Und dabei, verteidigt sich Gross, sei sie verfolgt worden von zwei Walliser Polizeiagenten in Zivil.[81] Man stellt sich vor, wie diese auf der 18 Kilometer langen Strecke von Baum zu Baum huschen.

Der Stabwechsel zwischen der Waadtländer und der Walliser Polizei im heiklen territorialen Grenzgebiet hat also funktioniert. Dies der Kern von Louis Gross' Verteidigung. Nicht funktioniert habe aber die Kommunikation zwischen der Walliser Justiz im Bezirk Martigny und jener im Entremont-Tal. (Wie soll sie, wenn die Behörden des Entremonts zufällig alle auf ihren Maisensässen am Heuen sind?) Und deswegen sei die Maschine nicht in einem Haus in Martigny spurlos verschwunden, sondern in einem Haus im Entremont – im Hoheitsgebiet von anderen –, so die für einmal eher banale Schreibe des Dichters Louis Gross.

Die Walliser Polizei kommt jedenfalls zu spät, das Ungetüm ist abgeladen und versorgt. Als man eine Hausdurchsuchung beim

Transporteur veranlasst, ist die Maschine schon wieder weg. Selbst die Walliser Regierung muss zur Geschichte Stellung nehmen: «Es ist richtig, dass die Maschine aus den Augen verloren wurde, als sie in Bagnes ankam», schreibt sie in einer gewundenen Erklärung an den Bundesrat, «wo man geglaubt hatte, man müsse sie installieren lassen, um sich zu vergewissern, wie man sie verwendet, da man sie auch anders hätte verwenden können.»[82]

Die Walliser laufen Gefahr, sich vor ihren Confédérés lächerlich zu machen. Sie können nicht behaupten, diese Maschine gebe es nicht, denn die Waadtländer Polizei hat sie sogar fotografiert. Der Fuhrmann muss verhaftet werden, er fährt im Zug nach Sion. Man erinnert sich an die Weisheit von Kriminalromanen: Schuld ist immer der Gärtner.

Und wo ist die Maschine? Verraten wir das Geheimnis. Der Korpus der Maschine wird schliesslich im Fluss Dranse entdeckt werden, in einen Sack verpackt. Das Gewinde wird unter dem Altar in einer Kapelle liegen. Alles demontiert. Die dichte Gefahrenlage hat zu diesen Massnahmen gezwungen. Zuvor wird die Maschine zur wundersamen Geldvermehrung allerdings einige Monate lang intensiv gebraucht worden sein.

Der Bundesrat wird unruhig

Dem Bundesrat hat die Walliser Regierung also rapportieren müssen. Denn die Landesregierung ist beunruhigt. Mitte Siebzigerjahre nimmt der Umlauf von falschen 20-Rappen-Stücken solche Ausmasse an, dass eine parlamentarische Kommission in Bern sich damit beschäftigt. Schon 60 000 Münzen seien ausser Verkehr gezogen worden und immer wieder tauchten solche auf, behauptet das «Journal de Genève».[83]

Tatsächlich sucht die Kommission nach einer Radikalkur. Es sei schlicht undurchführbar – wie die bisherigen Weisungen verlangten –, falsche Münzen durch Zerschneiden untauglich zu machen und sie dem Träger oder Einsender zurückzustellen. Die Ständerats-kommission empfiehlt dem Bundesrat daher, zu prüfen, «ob nicht der Fabrikation falscher 20-Rappen-Stücke durch rasche Einziehung und Demonetisierung dieser Sorte ein Ende zu machen sei».[84]

Eine neue Legierung für die Zwanzigräppler wird den Abdruck schwieriger machen. Anstelle der bisherigen 20-Rappen-Stücke aus Billon – worin Kupfer enthalten ist – prägt die Nationalbank 1881 solche aus Reinnickel. Farinet hat nichts weniger als die Schweizer Regierung in Bewegung gebracht.

Zur Ruhe kommt Bern nicht. So erreicht den Bundesrat etliche Monate später ein anonymes Schreiben, worin berichtet wird, im Chalet eines Herrn Pignat in Vouvry am Genfersee werde Falsch-geld produziert. Nun ist das nicht irgendein Hergelaufener, wie sich schnell zeigt, sondern er ist Gemeindepräsident, Kantonsrat, ehemals Staatsrat gar. «Ein äusserst ehrenwerter Mann», wie die Walliser Regierung mit offensichtlicher Empörung an die Adresse Berns respondiert, und das Ganze eine «sehr böswillige und schänd-liche Verleumdung».[85] Pignat ist ein «Radikaler» – ein Moderni-sierer also –, und denen traut mancher im katholisch-konservativen Wallis alles zu (wie umgekehrt auch). Vom wahren Geldfälscher Farinet allerdings, gesteht der Regierungsrat etwas weniger laut, habe man nichts gefunden…

Fasnacht mit Folgen

Ein, zwei Jahre lang geschieht für die Öffentlichkeit nichts. Gewiss wird an den Tischen getratscht. Auch da mögen – wie in der Berg-hütte – Geldfälscher und Richter am selben Tisch sitzen; denn im Wallis erhalten auch die Beamten zu jener Zeit die besten Informa-tionen in der Pinte und im Maiensäss; und ein Glas Weisswein lockert die Zungen.

Fasnacht, Anfang März 1878: In den Stuben und Beizen in Bagnes geht es hoch zu. Der Mann mit dem blonden Schnauz, im farbigen Hemd und mit dem schwarzen Hut sitzt schon hinter der dritten Flasche. Mittlerweile würden auch wir ihn erkennen. Er ist es!, werden einige gemurmelt haben, er ist dicker geworden![86] Farinets Begleiter bleibt unerkannt, denn er ist maskiert. Man tanzt bis in den frühen Morgen zur Musik, ein Gemeinderat ist anwesend, auch Farinet hüpft mit, spendiert dem Geigenspieler Geld.

Zwei Tage später, es wird weiter Fasnacht gefeiert. Noch eine Pinte. Eine Dame aus dem Dorf tritt in den Raum, sie will ein 5-Franken-Stück in Kleingeld eintauschen. Wie sie die Rolle mit den Zwanzigern öffnet, die sie im Gegenzug erhalten hat, erklärt sie, dass die falsch seien, geht aber – weil sie Münz gebraucht habe – dennoch mit dem Geld hinaus. Einer läuft ihr noch nach, will die verdächtigen Stücke wieder haben.[87] Doch nun ist es zu spät. Der Tanz beginnt von Neuem, die Kunde vom Falschgeld verbreitet sich mit diesem. Wer alles Farinet denunziert hat, geht aus den Akten nicht klar hervor. Das Tratschen in der Gemeinde war allzu laut, es liess sich nicht mehr verheimlichen.

Diesmal liegt die Untersuchung in andern Händen. Das Falschgeld ist im Entremont verbreitet worden, so kommt das Dossier zum 33-jährigen Advokaten Camille Besse, einem politischen Aufsteiger.

Der Justizminister, Staatsrat Henri Bioley, überwacht die Untersuchung persönlich. Von Gewaltentrennung hält man noch nicht viel. Untersuchungsrichterliche Protokolle schickt der Regierungsmann zurück mit der Bemerkung, dass er sich erlaubt habe, mit blauem Stift die Passagen anzuzeichnen, die ihn am meisten frappierten.

Mit Besse und Bioley ist eine Koppel von scharfen Hunden am Werk.

Staatsrat Bioley hat klare Vorstellungen über den Gang der Untersuchung: Er verlangt von den zuständigen Justizbehörden im Tal einen «Akt der unbeugsamen Strenge» – «un acte de rigueur». Er glaubt, dass es eine Reihe Farinet-Komplizen gebe; «es würde uns opportun scheinen, alle zu verhaften». Ohnehin fragt er sich, warum das nicht schon geschehen sei: «Es ist nötig, dass die allzu zahlreichen Bürger, die eine so schuldhafte Industrie begünstigen oder nichts unternehmen, um sie zu unterbinden, wissen, dass man nicht ungestraft die heiligsten Pflichten mit Füssen treten darf.»[88]

Die heiligen Pflichten sind: Denunziation. Der Auftrag ist jedenfalls klar: Alle verhaften!

Pressepolemik

Staatsrat Bioley ist ein Katholisch-Konservativer, doch er steht unter dem Druck der politischen Opposition. Durch das ganze 19. Jahrhundert hindurch ist das Geschehen im Wallis gekennzeichnet vom Widerstreit der konservativen und der radikalen Parteiströmung. Wobei die Radikalen – wie die Freisinnigen in der Westschweiz heissen – lange eine wenig bedeutende Rolle einnehmen. Der Sturz der konservativen Regierung Allet nach dem Kantonalbank-Skandal hat indes gezeigt, dass man sich als Konservativer seiner Pfründen nicht mehr sicher sein darf.

Besonders die Täler hinter Martigny, dem Grossen St. Bernhard zu, sind Hochburgen des Konservativismus. Die Chorherren des Hospiz auf dem Grossen St. Bernhard geben mit ihrem Glauben und mit ihrer Bibliothek dem konservativen Geist Rückhalt.

Begierig ergreift daher die radikale Zeitschrift «Le Confédéré» die Gelegenheit, um im rückständigen Bagnestal – als solches erscheint es den Modernisten – einen Skandal aufzudecken. In einem ironischen Bericht prangert das Blatt «die Geldindustrie» an, die da floriere. Man habe grossen Bedarf an frischem Geld in Bagnes, und die Polizei erledige ihre Hausbesuche so, dass niemand davon überrascht werde.[89]

Kurz danach doppelt der «Confédéré» nach und publiziert eine Zuschrift, ohne den Namen und die Funktion des Schreibers zu verraten. Dieser wundert sich, warum bisher erst eine Person verhaftet worden sei, wo doch die Geldfälscher-Assoziation 18 Arbeiter zähle, wie gesagt werde. Und er gibt einen Tipp: Direktor der Gesellschaft sei zwar Farinet, es gebe aber noch einen Oberaufseher – jeder Leser versteht, dass da ein bestimmter Lokalpolitiker gemeint ist.[90]

Damit beginnt zwischen den Parteien der Infight, wie man im Boxen sagen würde, und es ist von aussen nicht ersichtlich, wer welche Schläge austeilt. In einer nächsten Ausgabe des «Confédéré» scheut sich ein Schreiber nicht, die Kungelwirtschaft im Bagnestal mit der «Camorra von der Art in Neapel» zu vergleichen.[91]

Stellen wir nur summarisch fest, dass der vorgehende Briefschreiber niemand anders war als der junge Advokat Camille Besse – der aufstrebende Konservative, der die Untersuchung in Sachen Farinet-Assoziation führt – und dass mit dem Oberaufseher der Farinet-Bande Maurice-Damien Pellouchoud gemeint ist – Bankangestellter, Gemeinderat, Gemeindesekretär und Angehöriger der Radikalen, der am Ort offenbar die Rolle des Unbequemen spielt. Die Fronten wirken verkehrt, der Konservative agiert wie ein aufklärerischer Radikaler, der aufgeklärte Radikale scheint mit den Fälschern verfilzt. Dorfgeschichten spielen eine Rolle, offensichtlich werden alte Rechnungen beglichen – die Streithähne haben schon zusammen in der gleichen Schulklasse gesessen –, und wenn schon Schläge fallen, dürfen es auch ein paar mehr sein. Falls sie nicht verdient sind, ist's für eine andere Schuld! Es endet damit, dass der eine den andern verhaften lässt – der Untersuchungsrichter den Gemeinderat – und der andere von Ersterem schliesslich zum Rücktritt gezwungen wird – ein Sieg des Gemeinderats über den scharfen Advokaten.[92]

Eine ehrenwerte Gesellschaft

Im Bagnestal, diesem Kessel abseits der weiten Rhoneebene, überlebt länger als anderswo eine von Familienbanden geprägte Welt.

Man strebt gar nicht danach, sich der Neuordnung der schweizerischen Verhältnisse anzuschliessen. Und dank den Passverbindungen fühlen sich die Menschen ohnehin mehr verwandt mit den Berglern und Bauern in den hochgelegenen Orten des Aostatals als mit den Städtern im Unterwallis und deren modischen Ticks.

Dass sich Verwandtschaftsbeziehungen allenthalben finden, macht sich im Untersuchungsverfahren wegen der Geldfälscherei ein Verdächtiger zunutze, als er den Antrag stellt, der Gerichtspräsident habe zurückzutreten, sei er doch im fünften Grad mit einem Neben-Angeschuldigten verwandt. Und daher befangen.

Ein Gendarm aus dem Rhonetal – der Landjäger Julien Caillet-Bois – sieht sich unter den Bagnarden gleich bei den Wilden. In einem Rapport an seine Vorgesetzten behauptet er schlicht: «Der Bagnard verkauft für Geld den lieben Gott.»[93]

Zu meinen, die Einwohnerschaft von ganz Bagnes, dieser flächenmässig grössten Gemeinde der Schweiz, sei in Mafia-Aktivitäten verwickelt, hiesse allerdings, der Polemik der Radikalen aufzusitzen. Tatsächlich aber hat Farinet in Bagnes eine einflussreichere Gesellschaft zusammenbringen können als in den Sümpfen von Fully.

Die Schlüsselrolle in der neuen Affäre spielen die drei Brüder Vaudan: Louis, Maurice und Antoine. Die Vaudans gehören zu den Bessergestellten. Während Louis als Inhaber einer Glaserei und Maurice als Besitzer eines Lebensmittelladens immer interessiert sind, den Umsatz zu steigern, und sei es durch Aufblähung der Geldmenge auf der Nachfrageseite, wirkt Antoine als Gemeinderat: Mehr: Er ist Gemeindekassier und als solcher in einer ebenso delikaten wie günstigen Position.

Das Foto dieses Antoine ist eindrücklich: Es zeigt einen Mann mit hagerem, bärtigen Gesicht.[94] So stelle ich mir einen Bergler vor. Es ist ein Porträt für eine Folklorepostkarte, nicht für eine kriminaltechnische Kartei. Zwar ist dem Mann eine Portion Verschlagenheit zuzutrauen, mehr aber die Überzeugung, dass das Leben nur zu bewältigen ist, wenn man sich auf Gott verlässt – und besser auf sich selbst.

Dieser Antoine Vaudan soll Farinet angeboten haben, das Falschgeld zu waschen. Es sei ihm als Gemeindekassier ein leichtes, 7000 oder 8000 Franken zu platzieren. Ein interessantes Angebot, da es die Emission von Falschgeld via Staat verspricht, störungssicherer gewiss als die Kleindealerei in Fully, wo ein Mann mit einzelnen Münzen ausgeschickt worden ist, um Brot und Blutegel zu kaufen. Antoine Vaudan wird dank seiner Position imstande sein, auf die Leute, welche immer mit der Bezahlung einer Steuer oder einer Gebühr für die Renovation einer Kappelle im Rückstand sind, Druck auszuüben Er kann ihnen Farinet-Geld vorschiessen. Er kann ihnen Farinet-Geld aufnötigen, wenn sie einen Verkauf tätigen wollen – wie wär's mit einer Stundung der Steuer? Und zugleich gewährt seine Position den wirksamsten Schutz vor der Polizei. «Bei uns kommt das Tribunal nicht, man muss keine Angst haben», soll er versichert haben.[95]

Die Beteiligten haben eine regelrechte Vereinbarung geschlossen zur Gründung der «Gesellschaft», welche diese «Industrie» betreiben soll, per Handschlag vermutlich. Die Vaudans erhalten, so sagt jedenfalls einer der Beteiligten, einen Drittel des Profits, nach Abzug der Zinsen auf die vorgeschossenen Gelder.[96] Zinsen auf Vorschüsse für den Ankauf von Maschinenteilen und Material – da wird kapitalistisch gedacht.

Irrweg einer Prägemaschine

Im Bagnestal hat Farinet sich offenbar früh mit einem alten Kumpel liiert, Maurice-Eugène Maret. Er ist Bergwerksarbeiter, an sich eine blässliche Figur, eher der Typ Hausdiener. Farinet hatte nach dem Ausbruch aus dem Gefängnis in Sion in dessen Hütte Unterschlupf gefunden, wo er dann allerdings zusammen mit einem Fluchtgenossen verhaftet worden war.

Jetzt, da eine neue Untersuchung in Gang gekommen ist, weiss der Minenarbeiter Maret von gar nichts. In seinem Haus findet man zwar eine Gussform, aber diese dient der Herstellung von Gewehrkugeln. Hat man begonnen, Munition zu fabrizieren, für die Jagd oder fürs Geschäft? War Maret an jenem Fasnachtsanlass der Maskierte neben Farinet?

Der Minenarbeiter Maret fällt den Behörden einmal auf, weil er grosse Einkäufe macht: Zucker, Schokolade, Kaffee, was nicht im Einklang steht mit seiner Lebensweise. Offenbar versorgte er einen Dritten. Und er bezahlt mit falschen Münzen. Maret gilt der Justiz jedenfalls als Hauptangeschuldigter in der Falschgelduntersuchung, nachdem Farinet wieder einmal entschlüpft ist. Farinet wird sich noch aus der Ferne für diese treue Seele einsetzen.

Zeugenaussagen machen glaubhaft, dass Maret es gewesen ist, der die Maschine eine Zeit lang gehütet hat, die der wunderbaren Geldvermehrung dient. Er sei im Besitz des «Vogels», sagt er einem.[97] Mit einem Handschlitten hat er den Korpus, der ohne Zubehör 61 Kilo wiegt, weggeführt, hat, als der Weg zu steil wird, einen Maulesel vorspannen müssen. Trotzdem bleibt man unterwegs stecken, weil das Tier bockt. Der Untersuchungsrichter wird den Besitzer, der das Maultier ausgeliehen hat, nach der Farbe des Fells fragen, und ob das Tier nicht störrisch sei, was bejaht wird. Damit ist das Vieh überführt. Es hatte gebockt.

Um welche Maschine geht es? Die Quellenangaben sind nicht ganz bündig. Die Verhörten laden den Untersuchungsbehörden nicht alles auf die Nase, tragen aber gern zur Verwirrung bei. Ich nehme an, es sind schon zwei Maschinen im Spiel. Der Minenarbeiter Maret hat offenbar von der Frau jenes Fuhrmanns, der sie von Vevey hertransportierte, einen Teil der Apparatur erhalten und dafür bezahlt – vielleicht haben dazwischen noch andere ihre Hände im Spiel gehabt –, hat aber für andere Geräteteile auswärts Ersatz organisieren müssen.[98]

Die grosse Schraube für die Presse soll Maret in Turin in Auftrag gegeben haben, andere Bestandteile kommen aus Frankreich. Maret hat eine Kuh verkauft, um seine Reisen zu finanzieren.

Diese Geldmachmaschine ist den Leuten ein goldenes Kalb. Und es wird ein Tanz um sie aufgeführt und ihr geopfert. Jeder will sie haben. Keiner weiss, wo sie ist. Alle machen Angaben, wo sie sein könnte. Alle haben Respekt. Denn an einem Götzen kann man sich auch verbrennen.

Bei Gelegenheit hat die Polizei eine Konstruktionsskizze der Maschine sichergestellt, vielleicht aus der Hand Farinets. Unter den Beweismitteln liegen beim Gericht zwei Holzkugeln, die offenbar zu einem grossen Schraubhebel gehören, mit dem sich ein Gewinde in Drehung zwingen lässt. Maret hat sie anfertigen lassen. Gefragt warum, entführt er den Untersuchungsrichter ins Märchenland: um sie mit Weissblech überzogen auf seinem Dach zu montieren! Um der Schönheit der Heimat willen sozusagen.

Irgendwann wird Maret doch gestehen, dass er für ein paar Hundert Franken Geld produziert habe.

Als die Luft erneut eng wird und die Untersuchung intensiviert wird, kommt die wertvolle Maschine an den nächsten Ort. Und wieder an den nächsten. Und irgendwann landet sie am Grund des Flusses Dranse.

Mundraub

Wo ist Farinet? Trotz seinen Verbindungen zur Geschäftswelt von Bagnes lebt er armselig in Verstecken im Tal. Es heisst, er habe zu wenig zu essen. Das Geschäft trägt nicht genug ein, zu viele waschen darin ihre Hände. Doch bleibt er im Mangel stolz: Als ihm die Frau des Händlers Maurice Vaudan eine Kalbskeule bringt, beschimpft er es als Fleisch von krepiertem Vieh und lässt das Geschenk den Schweinen verfüttern.

Dafür haben sich die Diebstähle im Tal gehäuft. Es sei ihm Wein geklaut worden aus seiner Cave, weiss ein Zeuge. Bei einem Bauern fehlen drei Schafe. Auch andere berichten von geschlossenen Türen, die sich geöffnet haben. Ein ganzer Fleischwarenladen sei geplündert worden. Manche glauben, dass Farinet sich so einen Nebenerwerb aufgebaut habe. Kühlere Köpfe halten dagegen: Farinet gelte zwar als guter Schlosser, der zweifellos Türen öffnen könne. Doch habe es in Bagnes auch Diebstähle gegeben, als er noch im Gefängnis sass. Nehmen wir also an, er ergänzt seine Jagdvorräte durch Mundraub.

Gestohlen wird nicht nur aus Hunger. Maurice-Eugen Maret, Farinets treuester Kumpel, ist einmal in den Weinkeller des Gerichtspräsidenten gestiegen, als die Untersuchung gegen die Bande eingeleitet worden ist, und hat dort ein Glas getrunken. Es war pure Verhöhnung der Obrigkeit.

Die Zeitung der Radikalen, «Le Confédéré», nimmt die Klage über die Diebstähle im Bagnestal jedenfalls nicht so ernst. Farinets Beruf sei nicht der Diebstahl, und er spöttelt unter Anspielung auf Farinets Liebschaften: «Und wenn er manchmal mit kühner Hand nahm, ward nur der Ehemann bestohlen.»[99]

Krach in der Firma

Maurice Vaudan – einer der Vaudan-Brüder in der Farinet-Assoziation – hat die Maschine zu sich geholt. Mag der Untersuchungsrichter seine Forschungen anstellen, man produziert munter weiter. Im Maiensäss hat Vaudan ein Zimmer ausbauen lassen, Farinet selber hat das wundersame Gerät in dessen Chalet montiert. Vier Monate tut es dort Dienst.

Dann hat man sich überworfen. Eines kleinen Disputes wegen, wie Farinet verkünden wird. Vielleicht besteht die Kleinigkeit darin, dass der Händler Maurice Vaudan danach strebt, die Fäden der Organisation in die Hände zu bekommen. Schon hat er begonnen, Farinet Anweisungen zu geben und vorzuschreiben, was dieser anderen Mitgliedern der Gesellschaft zu sagen oder zu verschweigen habe. Insbesondere dürfe er seinem Kumpel Maret nicht verraten, wo sich die Prägemaschine derzeit befinde. Der Minenarbeiter soll offenbar draussen bleiben, jetzt wo's lukrativ wird. Marets Frau sagt später dem Gericht, Vaudan habe von der Fabrikation profitieren wollen, ohne sich an den Kosten der Vereinigung zu beteiligen. Farinet als Geldesel im eigenen Stall, so hätten ihn sich schon andere gewünscht.

Der kleine Disput betrifft auch Maurice Vaudans Frau. Farinet hat sie zu küssen versucht. Und dieser Vaudan – so behauptet Farinet – soll es dann gewesen sein, der Anzeige erstattet hat.[100]

Nun suchen die Brüder Vaudan ihren Kopf aus der Schlinge zu ziehen. Alles wälzen sie auf Farinet und den Bergwerksarbeiter Maret. Sie selber waren nicht beteiligt. Sie wissen von nichts. Alles schwatzen sie klein: Maurice Vaudan glaubt nicht, dass die produzierte Menge Geld eben gross gewesen sein könne. Und er bestreitet, dass er Maret je Geld gegeben habe für den Kauf von Material. Er habe ihm nur einmal welches geliehen.

Das Verfahren nimmt seinen Lauf, was der Gemeinde keine Ruhe bringt, sondern Streit und unrühmliche Bekanntheit weitherum. Eines Tages tauchen im Bagnestal zwei Männer aus dem Aostatal auf, betrunken, offenbar wollen sie mit dem Geldmacher ins Geschäft kommen. Lautstark fragen sie im Hauptort, wo man ihn finden könne: «den Löwen, den Schrecken des Nordens».[101]

IV. Auf der Flucht

Der Löwe der Berge

Löwen sind keine Hauskatzen; Farinet ist von nun an ständig auf der Flucht, bis zu seinem Tod. Nach der Karnevalssäuferei ist er abgetaucht.

Er schläft in Stadeln. Das Essen kocht er selber. Gelegentlich jagt er Murmeltiere. Er scheint wilder geworden, in Aussehen und Art. Und wenn er die Wohnung eines Sesshaften betritt, kann er kaum sitzen, steht auf, macht ein paar Schritte, schaut zum Fenster hinaus. Raubtierverhalten.

Vielleicht betet er. «Ich schlafe auf einer guten Matratze und mit dem Kruzifix neben meinem Bett», hat er einmal verkündet.[102] Dass er nicht gerade ein Freund der Geistlichen ist, mag das eine sein, an eine höhere Macht zu glauben ist etwas anderes.

Er ist nicht mehr auf Matratzen gebettet. Einen seiner Schlupfwinkel hat er in einer Grotte eingerichtet, die zum Kloster der Trappisten in Sembrancher gehört. Farinet schichtet ein Mäuerchen auf, um unbeobachtet an der Sonne schlafen zu können.

Von nun an wird er bewaffnet angetroffen. Zeugen erzählen, bei zufälligen Begegnungen hätten sie einen Revolver in einer Ledertasche am Gürtel hängen sehen. Der Flüchtige stösst Drohungen aus: Niemandem werde er etwas zuleid tun. Aber der Erste, der das Pech habe, ihn zu verfolgen, werde Staub fressen. In biblischem Pathos verkündet er: «Die gegen mich sind, werde ich auslöschen.»[103]

Geblieben ist ihm sein Stolz. Er eröffnet den Leuten: «Du kannst sagen, dass ich Farinet bin – Geldfabrikant.»[104]

Und offenbar trägt Farinet eine Uhr bei sich, ein Zeichen des behaupteten Wohlstandes, ein Instrument der dauernden Wachsamkeit?

Über den Stand der Ermittlungen ist er jedenfalls stets auf dem Laufenden. Er hält bei Gesprächen den Leuten Aussagen vor, die sie zuvor in der dunklen Gerichtsstube gemacht haben. Wiederholt schreibt er Briefe ans Gericht, um das Verfahren zu beeinflussen.

Doch wo die Gendarmen stöbern, ist er weg. Er ist überall und nirgends. Die Berner Kantonspolizei will einen Mann, der sich im Bielerseegebiet und in der Stadt Solothurn herumtreibt, als Farinet erkannt haben. «Es scheint, dass er nicht zwei Nächte am gleichen Ort bleibt», schreibt ein säuerlicher Walliser Regierungsrat.[105] Das allerdings ist eine Notlüge, um Bern zu beruhigen.

Schneesoldaten

Farinet wechselt die Täler. Unbekümmert um Landesgrenzen wie ein Vogel.

Seinesgleichen ist sich das gewohnt: Die waffenfähigen Männer seiner Heimatgemeinde Saint-Rhémy besitzen seit Jahrhunderten ein Privileg: Sie sind vom Militärdienst ausgenommen. Dafür haben sie das exklusive Recht und die Pflicht, die Reisenden auf den Grossen St. Bernhard zu begleiten. Es ist den Angehörigen dieser Alpenmiliz denn auch verboten, sich vom ersten Schneefall an bis in den Monat Mai aus der Gegend zu entfernen.

Noch 1906 heisst es im Reglement für die Führer von Saint-Rhémy: «Der Soldat hat kein Recht auf irgend eine Entschädigung. Führer und Retter, das ist seine Devise. Dass er weitergehe auf den Spuren seiner Vorgänger, und die Reisenden werden ihn weiterhin mit einigen guten Gläsern belohnen.»[106]

Das Privileg der Schneesoldaten wird erst in der Zeit des Faschismus abgeschafft.

Fotos und Beschreibungen geben ein Bild dieser Hochgebirgsführer, und wir erkennen in ihnen Farinets Äusseres: Auffällig sind die hohen Stiefel, die Leute tragen einen Filzhut, Handschuhe und mit Eisen beschlagene Schuhe.

Farinet hat in Wirklichkeit wohl kein solcher Führer sein dürfen. Denn das Reglement verlangt von den Kandidaten eine gute Moral, «die vom Priester» und «vom Gemeindepräsidenten» zu bestätigen ist.[107] Der lebenslustige und -listige Jüngling hätte die Einwilligung des Gemeindepräsidenten nicht erhalten, geschweige denn diejenige des Priesters. Und eine weitere Bedingung erfüllte er nicht: ein Vorleben ohne Vorstrafen.

Verschiedene Freiheiten

Farinets lange Flucht beflügelt die Legendenbildung. Die da mühsam in den Tälern auf Feldern und im Haus arbeiten, an der Erde klebend, sehen ihn «mit der Beweglichkeit einer Gemse davonlaufen» oder «leichter springen als ein Hirsch in Verzweiflung».[108] Es ist nicht mehr weit bis zum Adler, der über den Wolken segelt.

Ramuz hat in seinem Farinet-Roman den Gegensatz von oben und unten ausgestaltet. Bei ihm hält sich Farinet auf 1500 Metern auf, über Mièges, es ist ein Ort der Phantasie, und er beobachtet mit dem Fernrohr, wie die Polizisten im Tal heranmarschieren. Da oben ist die Freiheit, da lebt man gut, «besser als in ihren Büros, besser als in ihren Gefängnissen, besser als in ihren Strassen». Und wir Leser wollen es glauben: «Der Berg ist die Freiheit.»[109]

Doch worin besteht diese Freiheit? Ramuz gibt eine Antwort: «Dass man das tut, was man will, wie man will, wann man will. Dass man nur von sich selber abhängt. Dass man alle Gebote selber erlässt.»[110]

Oder auf Berndeutsch, denn Farinet ist auch ins Schweizerdeutsche übersetzt worden: «Aber was isch de das, d Freihiit?» – «Das isch denn, we me macht, was me wott, wi me wott, un denn, we's iim passt.»[111]

Letztlich ist diese Freiheit, der Zivilisation ledig zu sein.

Doch dann teilt sich die Freiheit bei Ramuz auf – so simpel ist alles nicht. Es gibt eine «wilde» Freiheit, jene, die Farinet lebt, wenn er mit dem Gewehr auf den Mond zielt und schiesst und lacht. Und es gibt – es gäbe – die «sanfte» Freiheit, in einem eigenen Haus mit einer vertrauten Person zusammen ruhig zu schlafen. Auch davon träumt Farinet.

Denn Farinet lebt nicht für ewig auf Bergspitzen, er wird auch dort verfolgt. Er muss sich in Höhlen verstecken, unter dem Boden – «wie die Engerlinge», schreibt Ramuz.[112]

Erste Schüsse

Zum Revolver ist ein Karabiner gekommen. Über diesen weiss man Genaueres, ermittelt doch das Gericht gegen einen Schweizer Hauptmann, der einem Soldaten der Truppen von General Bourbaki – im Frühjahr 1871 waren 1077 Soldaten dieser französischen Armee im Wallis interniert – einen Spencer-Karabiner für zehn Franken abgekauft und den dann verscherbelt hat an einen Bagnarden. Das Gewehr ist kürzer und handlicher als das Langgewehr der schweizerischen Armee.

Dass einer Waffen trägt, ist allerdings nicht ungewöhnlich. Gewehr, Pistole, Messer sind das Zeichen einer unabhängigen Gesinnung. Hat nicht die Walliser Regierung vor der ersten Abstimmung über die revidierte Bundesverfassung – die dann 1874 trotz dem Walliser Nein in Kraft treten wird – Stellung genommen gegen die geplante eidgenössische Militärhoheit: Bern wolle dem ehrbaren Bürger seine Waffe wegnehmen? Die Waffe, mit der mancher Walliser noch im 20. Jahrhundert auf die unbewilligte Jagd ging in der Überzeugung, dass keine Behörde ihm Vorschriften zu machen habe, wann er mit der Flinte auf die Alp gehen dürfe, «wann er ein Murmeltier schiessen dürfe oder nicht».[113] Das Recht zu wildern als letztes Refugium des wehrfähigen Freien.

«Ich habe zwölf Schuss auf mir», soll Farinet ausgerufen haben. «Wer versucht, mich zu ergreifen, wird vor mir fallen.» Er fügt hinzu: «Und bevor ich mich ergebe, reserviere ich den letzten Schuss, der mir bleiben wird, für mich.»[114]

Irgendwann müssen sich Farinets Wege und jene der Polizei treffen. Es kann nicht gut gehen. Im Mai 1878, so berichtet der «Confédéré», begegnen zwei Gendarmen im Bagnestal einem Individuum, das sich in den Büschen versteckt. Einer verfolgt das Subjekt, der andere versucht, ihm den Weg abzuschneiden. Auf den Ruf hin, anzuhalten, gibt der Verdächtige einen Revolverschuss ab. Der Polizist vor ihm schiesst ebenfalls, glaubt getroffen zu haben, noch einmal, kann den andern aber nicht zum Stehen bringen.

Farinet entkommt. Dass er schon verloren hat, ahnt er dennoch. In einer vielzitierten Briefstelle – adressiert ans Gericht, das gegen ihn ermittelt – heisst es melodramatisch: «Ich bin Farinet Joseph-Samuel, verurteilt dazu, mich von der Justiz von Bagnes erschiessen zu lassen.» Doch vorher würden die Richter und alle Spitzelgendarmen an seinen Kugeln sterben. Und schon wieder die Wahrheit beugend, erklärt er: «Denn weder in Italien, noch in Frankreich habe ich solche Verfolgungen erlebt wegen eines einfachen Schmuggels…»[115]

Es ist nicht nur die Gemütsverfassung, die Farinet an ein gewaltsames Ende denken lässt. Walliser Politiker rufen nach der Wiedereinführung der Todesstrafe. Unter den Wortführern ist der junge Staatsrat Henri Bioley, Chef des kantonalen Justiz- und Polizeidepartementes.

Der Vorstoss mag nicht direkt mit Farinets Wirken zu tun haben. Die Walliser Presse erwähnt aber ausdrücklich die Tatsache, dass auf Falschgeldproduktion einst die Todesstrafe gestanden hat. Tatsächlich kommt noch vor Farinets Ende eine Vorlage über die Todesstrafe vor den Grossen Rat. Kurz nach Farinets Tod wird die Vorlage angenommen – die Strafe sei durch Enthauptung zu vollziehen. In diesem Licht erscheint Farinets Tod als eine vorweggenommene Exekution; die Gesetzesgrundlagen werden nachgeliefert.

Flüchtige Liebe

Die Fähigkeit, Kugeln zu entkommen, bereichert den Mythos, der sich um Farinet bildet.

Doch er ist nicht allein. Farinet hat eine Begleiterin!

Dass er eine Frau mitreisst in seine Flucht, krönt die Frechheit. Jetzt glaubt man zu wissen, warum Farinet den Bergwerksarbeiter Maret als besten Kumpel ansieht.

Farinet hat dessen 44-jährige Ehefrau, Marie Maret-Cretton, kennengelernt, als er zum ersten Mal in Bagnes wohnte, das war 1869. Sie hatte ihm die Unterkunft nach der ersten Flucht verschafft. Damals schrieb Farinet an seinen Bruder Placide: «Was die Mädchen betrifft, bin ich in der Schweiz mehr geschätzt als in Bosses.»[116]

Gegenüber dem Gericht äussert Marie, sie sei geflohen auf den Rat Farinets und den ihrer Kinder hin, weil sie vorgeladen worden sei und durch ihre Aussage ihren Ehemann nicht habe belasten wollen.

Nun zieht sie mit Joseph-Samuel durch die Lande. Durch die Wälder nach Nendaz, wo Verwandte wohnen. Gegen Fully, wo beide um Unterkunft bitten. Farinet mit geschultertem Gewehr. Hinauf nach Fionnay, wo Marets Maiensäss liegt und wo sie durchnässt vom Regen bei einem Nachbarn nach Milch fragen. Hinüber nach Italien in Farinets Heimatgemeinde Saint-Rhémy.

Wie diese Frau in den Augen anständiger Bürger handelt, belegt das Schreiben eines Richters aus Le Châble in der Gemeinde Bagnes an den Bezirksgerichtspräsidenten von Entremont: Eine Person habe ihm mitgeteilt, «dass sie gestern Nacht ungefähr um drei Uhr auf der Alp von Scex-Blanc Farinet und die Frau Maret gesehen habe. Sie sind ins Chalet eingetreten und haben getrunken und gegessen.» Weiter im Skandalbericht: «Eine andere Person bestätigt diesen Sachverhalt, und beide sagen mir, sie hätten mit Farinet gesprochen und sich lange mit der Frau Maret unterhalten, die ihnen im Zustand sehr fortgeschrittener Schwangerschaft erschienen sei.» Erfreulich, dass wir auch eine Beschreibung des Pärchens erhalten: «Farinet war ganz in Barchent von grau-fuchsroter Farbe gekleidet. Er trug einen abgenutzten, breitkrempigen Hut von schwarzer Farbe und einen grossen Tuchsack, in welchem sich seine Lebensmittel befanden. Die Frau Maret hatte den Karabiner auf den Schultern und Farinet selbstverständlich den Revolver am Gürtel.» Der Schreiber, der die Schwangerschaft herausstreicht, ist offensichtlich der Meinung, dass nicht der Ehemann Verursacher ihres Zustandes sei: «Ich übermittle ihnen diese Details, die ich von Augenzeugen erhalten habe, weil ich denke, es ist Ihnen nicht gleichgültig, diese zu kennen. Die Reden der Frau Maret, die vorgab, ihre Kinder zu beweinen, belegen den Grad der Entwürdigung, den sie erreicht hat.»[117]

Marie Maret-Cretton lässt sich nicht in dieses Licht stellen: «Ich kann sagen, dass Farinet mir niemals Anlass gegeben hat, mich zu Schlechtem zu verführen», wird sie im Verhör erklären, «und dass mein Gewissen mir da nichts vorwirft.»[118] Farinet aber formuliert zweideutig in einem Schreiben an den Gerichtspräsidenten, dass er gegenüber Frau Maret «keine Absicht auf eheliche Liebe» habe.[119]

Ein Skandal

Frau Maret hat gegen Konventionen verstossen. Ihr schlimmstes Verbrechen: sich nicht der geltenden Frauenrolle anzupassen. In den gleichen Jahren verursacht eine andere Dame in Martigny einen Skandal, der man nicht vorwerfen kann, sie habe mit Farinet geschlafen, und nicht einmal, sie habe ihre Kinder im Stich gelassen. Sie ist aus Bronze. Die weibliche Büste wird in der Sylvesternacht 1876/1877 enthüllt und erregt sogleich öffentliches Ärgernis. Es ist die «Helvetia», gefertigt von jenem Gustave Courbet, der gleichsam mit einem Pinselstrich die Vendôme-Säule in Paris zum Einsturz brachte.

Courbet lebte in La Tour-de-Peilz am Genfersee im Exil. Eine romanhafte Darstellung erzählt, wie Courbet auf seinen Ausflügen auch nach Saillon gelangte und hier dem Geldfälscher persönlich begegnet sei; gemeinsam hätten sie das Spielcasino von Saxon besucht. Und der Geldfälscher habe dem Maler gar seine Höhle in der Salentze-Schlucht bei Saillon gezeigt. Eine Höhle mit Felsgebilden, die an das Gesicht eines Riesen erinnern. Hier habe Courbet dann sein Bild «La Caverne des Géants» – die Höhle der Riesen – gemalt.[120]

Tatsächlich muss Courbet in Saillon gewesen sein. Ein Vergleich des Fotos der Salentze-Höhle, das mir der Kenner der Lokalgeschichte, Claude Raymond aus Saillon, mailt, mit einem Grottenbild von Courbet zeigt beide Male dieselben charakteristischen Umrisse des moosüberwachsenen Riesenkopfes; und das Musée de Picardie in Amiens, wo das Gemälde hängt, bestätigt den Befund.[121] Und zwar muss Courbet in der zweiten Hälfte des Jahres 1873 die Schlucht bei Saillon besucht haben, denn erst am 23. Juli jenes Jahres überschritt der Maler auf seiner Flucht aus Paris die Schweizergrenze. Courbet soll sogar der allererste Gast im Badehotel von Saillon gewesen sein.[122] Im Januar 1874 wurde das Gemälde der Schlucht verkauft und wenig später an einer Ausstellung in Lausanne gezeigt.[123]

Es besteht ein Zeitfenster von wenigen Wochen, da Courbet in Saillon Farinet begegnet sein könnte, bevor dieser wieder einmal verhaftet wurde, am 22. September 1873 in Italien.[124] Doch dass die beiden, der Maler und der Fälscher, sich fanden, sich unterhielten und einander schätzen lernten, ist vor allem ein schöner Wunsch der lokalen Touristiker.

Gesichert dagegen ist, dass der berühmte Revolutionsflüchtling der Stadt Martigny einen Abguss seiner Helvetia schenkte. Eine

Büste, die heute noch in Martignys öffentlichem Raum zu besichtigen ist.

Kühn blickt sie in die Ferne, wallendes Haar fällt ihr in den Nacken, eine Schulter ist entblösst, auf dem Haupt trägt sie eine phrygische Mütze, Zeichen der Aufständischen in der Französischen Revolution.

Der «Ami du peuple», ein erzkonservatives klerikales Blatt, sieht «eine sehr unanständige Büste, nämlich eine Aufrührerische mit unverschämtem Blick, starkem Busen und sinnlichen Lippen, welche grobe Wünsche verraten». Und der Verfasser glaubt klar zu erkennen, worin die Gefahr dieser Dame besteht: «Eher in den Freiheiten, die sie gewährt und die sie sich herausnimmt und welche ihre Büste ziemlich roh symbolisiert.»[125]

Dass Frau Maret Freiheiten gewährt und sich solche herausnimmt, das ist unerträglich. So gefährdet sie die öffentliche Ordnung. Die alte Weberin Marie Métrailler bestätigt, dass noch im 20. Jahrhundert die Walliser Frauen gehalten waren, zu arbeiten und gefügig den graden Weg zu gehen: «Unbefriedigt, wie sie waren, träumten die Frauen vor sich hin; und ihr ganzes Leben war eine einzige Frustration.»[126]

Die Justiz steht an

Ein halbes Jahr ist seit der Eröffnung der Untersuchung gegen die Geldfälscherassoziation im Bagnestal vergangen. Farinet ist weg. Verhaftungen sind vorgenommen worden. Hausdurchsuchungen folgen sich. Marets Pinte in Fionnay wird mit der Lupe geprüft. Gebracht hat alles nichts.

«Ich kann mich nicht erinnern», sagen viele. Sie solle schweigen und «sich nicht verkaufen», sei ihr von der Frau eines der Vaudan-Brüder aufgetragen worden, erklärt eine Zeugin. Zeugen werden vereidigt, Zeugenaussagen mit Aussagen anderer konfrontiert. Gelegentlich bringen Streitereien unter den Verdächtigen kleine Fortschritte. Das wird protokolliert. Angeschuldigte beklagen sich über die ungenaue Protokollierung.

Immerhin taucht jenes Maschinenstück auf, das in der Dranse versteckt worden war, weil es gelungen ist, einem Simpel von Schuhmacher Würmer aus der Nase zu ziehen. Dann steht das Verfahren wieder an.

Ein erster Untersuchungsrichter – wir erinnern uns an den eifrigen Herrn Camille Besse – hat seinen Auftrag bereits zurückgeben müssen, auch der zweite verschwindet bald hinter den Kulissen. Ausgerechnet der Gerichtspräsident behindere die Untersuchung, lautet die Anschuldigung des ersten Abgesetzten. Doch der Beschuldigte – Gerichtspräsident Fidèle Joris – ist ein alter Elch, dem man nicht ungestraft an die Hörner greift: Gemeindepräsident von Orsières, Grossratspräsident im Jahr 1878, Nationalrat. Briefe gehen in dieser Angelegenheit bis zum Bundesrat. Der abgesetzte Camille Besse ist überzeugt davon, es würden nicht die ganzen Hintergründe erhellt. Seit kurzem ist er Kantonsrat, zielt offenbar nach Höherem. Er glaubt eine Geldfälschergemeinschaft am Werk, die nicht nur Zwanzigräppler prägt, sondern Goldmünzen aushöhlt und mit billigem Metall füllt. Der Gerichtspräsident weigert sich, diese Spur zu verfolgen. Obwohl: Bei jener ersten Hausdurchsuchung, die zu Farinets Verhaftung geführt hatte, war auch das Goldstück von 5 Franken gefunden worden, mit einer Schweissstelle am Rand. Als man es übers Feuer legte, wurde es bröcklig und zeigte sein graues Inneres.

Es gibt für Camille Besse nichts zu gewinnen. Er wird nicht Nationalrat werden.

Der Fälscher denunziert

Nach sechs Wochen Flucht, auf der sie «wie ein wildes Tier» habe leben müssen – so wird der Geldfälscher klagen –,[127] stellt sich Farinets Begleiterin Marie Maret der Justiz. Sie übermittelt dem Gericht einen zwölfseitigen Brief des flüchtigen Verbrechers.

Glaubwürdige Münzen: Zwanzigräppler des Jahrgangs 1850, wie Farinet sie herstellte.

Solides Handwerk: Eine Prägemaschine im Keller der «Amis de Farinet».

Das Kernstück: Originalmatrizen zur Münzprägung, von der Polizei beschlagnahmt.

Wo Farinet einsass und ausbrach: Zellen im alten Gefängnis von Sion.

Farinets Geburtshaus: In Saint-Rhémy, auf der Südseite des Grossen St. Bernhard.

Auf den Spuren des Fälschers: Ein Winkel im Unterwalliser Städtchen Saillon.

Wege ohne Grenzen: Passstrasse aus napoleonischer Zeit über den Grossen St. Bernhard.

Geldmaschine der Reichen: Das einstige Spielcasino von Saxon im Unterwallis.

Kneipen und Verstecke: Strassenszene in der Altstadt von Sion.

Kühne Frauen: Die «Helvetia» von Gustave Courbet, Geschenk an die Stadt Martigny.

Einst ein armes Tal: Der Lauf der Rhone im Unterwallis bei Fully.

Die Todesschlucht: Wasserbecken der Salentze, wo Farinets Leichnam gefunden wurde.

In ungeweihter Erde: Eine Einwohnerin Saillons pflegt das Grab am Rand des Friedhofs.

Heiligenverehrung: Das angebliche Farinet-Bildnis auf dem Hausaltar.

Heldenhaft stellt er sich vor seine Freundin: «In der Stimme der Öffentlichkeit und selbst durch die Justiz von Bagnes ist diese arme Frau beschimpft und beleidigt worden, weil sie mit Farinet weggegangen ist», klagt er. «Ich übergebe sie in Ihre Hände.» Sie solle so gut behütet werden, verlangt er selbstbewusst, «wie ich selber sie behütet habe», und dann «sofort auf freien Fuss gesetzt».[128]

Er empört sich auch über die Versuche der Gebrüder Vaudan, alle Schuld auf den Minenarbeiter Maret abzuwälzen, seinen treuen Maret. Immer noch leugnen die drei von der ehrenwerten Gesellschaft, wollen nicht wissen, wer die Maschine transportiert habe, und wollen nicht zugeben, dass diese auf ihrem eigenen Grund und Boden gestanden hat. Nun hebt Farinet zum Schlag aus: Er empfiehlt dem Gericht, das Maiensäss von Maurice Vaudan zu besichtigen, abgelegen auf 2000 m Höhe, vier Kilometer hinter dem Weiler Médières. Dort werde man bauliche Veränderungen bemerken, die bewiesen, dass die Maschine da ihren Standort gehabt habe.

«Obwohl es mir sehr peinlich ist, alle meine Gesellschafter der Justiz denunzieren müssen», erklärt Farinet – doch die Gebrüder Vaudan verdienten «eine gleich hohe Strafe» wie der Hauptangeschuldigte Maurice-Eugène Maret. Wieder findet er zu biblischem Pathos: «Wir wissen, dass derjenige, der mit dem Schwert sündigt, durch das Schwert zugrunde gehen muss.»[129]

Die Denunziation schliesst mit einer Drohung, die Farinet nun doch als erstaunlich wachen Zeitgenossen zeigt: Der Herr Präsident solle bitte hier zum Rechten sehen, «sonst wird, wie ich hoffe, innert kurzem der Bund» – die Landesregierung in Bern – «Ordnung in diese Ungerechtigkeit bringen».[130]

Schluss mit der Posse!

Das Verfahren dauert allzu lange. Schon über ein Jahr. Schluss mit dem Prozess!, lautet der Tenor. Mag auch Farinet weg sein. Die

Maschine ist gefunden. Maret hat gestanden, dass er Geld produziert habe. Die Brüder Vaudan leugnen zwar, doch werden sie durch Indizien und Zeugen genug belastet. Vor allem aber: Waadtländer und Genfer lachen über die Walliser Gerichtsposse.

Der Bandenchef Farinet schreibt aus der Ferne weitere Anweisungen ans Gericht, im Ton des unlängst für unfehlbar erklärten Papstes. Und jetzt soll man, ginge es nach dem abgesetzten Untersuchungsrichter, noch irgendwelchen gefüllten Goldstücken nachjagen. Das mag einen Confiseur interessieren. Es bringt nur Unfrieden.

Die Pressepolemik ist ins Masslose eskaliert. Längst geht es nicht mehr um die Frage, welcher der Dorffürsten die Farinet-Gesellschaft gedeckt und wer die Untersuchung behindert hat. Es geht ums «System». Sogar die Presse des «feindlichen Auslands» – der Nachbarkantone – schaltet sich ein. Die radikale «Revue de Lausanne» sieht den Grund für die Ausbreitung des Falschgelds im Rückstand des öffentlichen Bildungswesens und mokiert sich über die «Ultramontanen» – die Konservativen ganz hinter dem Berg.*

Der Kulturkampf, den der deutsche Kanzler Bismarck in den 1870er Jahren für den säkularen Staat gegen die Katholische Kirche geführt hat, findet hier sein provinzielles Echo.

«Farinet, unser Falschmünzer, ist ein hübsches Beispiel für die Art, wie die ultramontane Regierung des Wallis die Polizei versteht und praktiziert», doziert die «Revue de Lausanne». «Er überschwemmt das Land mit Falschgeld, er hat zehn Ateliers, er hat zwanzig; verurteilt, bleibt er in Freiheit; gesucht, ist er unauffindbar; verhaftet, entwischt er unter den Händen der Gendarmen; kriminell, geniesst er die Sympathie einer ganzen Anzahl guter, kirchentreuer Walliser; Dieb, hat er 100 Komplizen, hat er 200.»[131]

Der «Confédéré» hämmert in die politische Kerbe: «Es heisst,

---

* Ultramontanismus: von «ultra montes» – jenseits der Berge; der politische Katholizismus als Gegner des Liberalismus im 19. Jahrhundert. Jenseits der Berge lag Rom.

dass sich da» – in der «Farinet-Vereinigung» – «Personen aus allen Rängen der Gesellschaft trafen und dass die profane Hierarchie vollständig vertreten sei.»[132]

Das will man sich im konservativen Lager nicht bieten lassen. Die «Nouvelle Gazette du Valais» behauptet schräg an den Tatsachen vorbei, dass die wichtigsten Schauplätze von Farinets Wirken sich mit den Zentren des Walliser Radikalismus – der gottlosen Bürgerlichen – deckten, gemeint ist Martigny.[133] Und eine Gruppe von Honorablen aus Bagnes reicht Strafklage gegen den «Confédéré» ein. Staatsrat Henri Bioley, Chef der Justiz, steht unter Druck. Ihm sitzt der Bundesrat im Nacken. Ein Halbdutzendmal wird die Landesregierung bei der Walliser Regierung intervenieren.[134]

Farinet – der Hauptangeschuldigte – sei nun wirklich «so bald wie möglich zu verhaften», hat die Landesregierung schon vor einiger Zeit verlangt.[135] Zumal diplomatische Verwicklungen drohen. Italiens Botschafter in Bern hat im Namen des königlichen Justizministeriums zu Rom vorgesprochen und Angaben über den Falschmünzer sowie dessen allfällige Überstellung an die italienischen Gerichte erbeten. Und ebenfalls schon vor einiger Zeit hat die Landesregierung gefragt, «ob die Untersuchung gegen Farinet in genügend festen und sicheren Händen liege, um mit demjenigen Ernste durchgeführt zu werden, der im öffentlichen Interesse künftig geboten sei».[136]

Bioley weiss: Es droht eine Regierungskrise wie vor dem Sturz des starken Mannes Alexis Allet, der die Kantonalbank finanziert hatte. So setzt der Walliser Staatsrat eine Kopfprämie auf Farinet aus und macht dies durch Anschläge im Unterwallis bekannt.

Grosser Gerichtstag

Endlich wird – in Farinets Abwesenheit halt – die Hauptverhandlung abgehalten. Ort: das Spitalgebäude von Sembrancher. Datum: 17. Juli 1879.

Die Hälfte der Angeschuldigten erscheint zwar nicht. Es ist die Stunde der Advokaten. Angetreten sind die höchstkarätigen Juristen, die das Wallis zu stellen vermag, juristischer Hochadel sozusagen. Pflichtverteidiger für Farinet – und seinen Freund Maret – ist Victor de Chastonay-de Courten, ein Mann mit blauem Blut in den Adern, Nationalrat und seinerzeit «Chef der Rechten» in der Walliser CVP, wie der Historiker Gruner feststellt.[137] De Chastonay hält ein feuriges Plädoyer, in welchem er die Untersuchung der Willkür beschuldigt.

Crème de la crème aber ist der Anwalt, der die Verteidigung der Brüder Vaudan übernommen hat. Die Rede muss, weil er kränkelt, in Abwesenheit des Verfassers verlesen werde. Kein Geringerer tritt ein für die Sache von kleinen Geldfälschern als Alexis Allet aus Leuk, ehemals Chef der konservativen Regierung, der starke Mann im Kanton, der beschuldigt worden war, die Kantonalbank mit ungesetzlichen Regierungspapieren finanziert zu haben.

Warum engagieren sich die grossen Herren für die kleinen Gauner? Als Politiker der konservativen Partei? – Eben weil sie konservative Politiker sind. Es gilt, die Versuche der wertelosen Radikalen, aus der Falschgeldaffäre Profit zu ziehen, zurückzuschlagen und zu beweisen, dass eine dumme Geschichte ganz masslos aufgebauscht worden ist.

Allets Plädoyer, obwohl mit zittriger Schrift geschrieben, ist luzid. Kein Wort von Politik. Auch kein Wort darüber, was die Brüder Vaudan wirklich getan haben und was allenfalls nicht. Er bleibt streng formal. Es sei ihm ein Leichtes, zu zeigen, dass zwei der Brüder vollständig unschuldig seien und der dritte mehr unglücklich als unschuldig: Man schaue nur an, wer die Vaudans beschuldige, das seien sämtliche selbst Angeklagte. Letztlich gingen ja die Anschuldigungen gegen die Brüder auf den Täter Maret zurück, der damit seine eigene Schuld verkleinern wolle. Derselbe habe einmal gesagt, die Vaudans – oder zumindest zwei von ihnen – hätten gar nicht zur Vereinigung gehört. Die Aussagen der übrigen Zeugen seien von Dritten kolportierte Aussagen dieses Maret und brauchten nicht weiter untersucht zu werden, keine Originalquellen. Die Anschuldigungen von Frau Maret brauchten nicht widerlegt zu werden, da selbst das untersuchende Gericht dieser Person keine Glaubwürdigkeit zugebilligt habe, sei sie doch Farinet hörig.

Wie Allet von der «Intimität» spricht, die Farinet mit dem Angeschuldigten Maret und vor allem dessen Frau verbinde, ist er am Ziel angelangt. Farinets Briefe ans Gericht bewiesen, welche Motive hinter den Anschuldigungen gegen die Vaudans stünden: «der Hass, der Groll, die Rachsucht».[138]

Allet weiss zweifellos, was er tut. Diese Vaudans, ob sie nun mit Farinet in Verbindung stehen oder nicht, verkörpern das alte Wallis. Ihr Wertesystem ist noch intakt, stellen sie doch persönliche Beziehungen höher als abstrakte Prinzipien. Um diese Menschen und deren Welt, die auch die seine ist, zu retten, tritt er an zu einem seiner letzten Kämpfe. Um den Modernisten entgegenzutreten, vor allem dem Staatsrat Henri Bioley mit seinen abstrakten Vorstellungen von Justiz und Staatsraison, die nichts zu tun haben mit dem konkreten Leben. Mit Bioley – mag dieser auch derselben konservativen Parei angehören, es gibt darin verschiedene Strömungen – ist er schon zusammengestossen in der Debatte über die Todesstrafe. Allet hat die Todesstrafe abgelehnt. Er hängt am lebendigen Funktionieren der Gemeinschaften. Die Guillotine dagegen steht für die kategorische staatliche Norm. Sie urteilt endgültig.

Das Gericht vermag sich der schlüssigen Argumentation dieser Verteidigung nicht zu entziehen. Der Ausländer Farinet wird zwar verurteilt zu sechs Jahren Gefängnis und zu Verbannung nach Verbüssung der Strafe, da er notorisch rückfällig ist. Doch Maurice-Eugène Maret und Maurice Vaudan erhalten bloss einige Monate Einschliessung, und für die anderen belässt man es bei Geldbussen.

Der Gemeinderat Pellouchoud, der einmal verhaftet worden ist wegen angeblicher Verwicklung in die Affäre, ist freigesprochen worden wie Marie Maret-Cretton, Farinets Begleiterin auf der Flucht.

Viel Lärm um nichts? Der radikale «Confédéré» wird in einer fiktiven Farinet-Klage spotten:

«Weh: Der grosse Sultan in unserer Hauptstadt

(gemeint ist Alexis Allet)

hat für Millionen Geldpapier gemacht!

Und du machst uns wegen einiger Rappen einen Skandal!»[139]

V. Im Visier der Staatsmacht

Nun fliesst Blut

Der Staat bläst zum Halali. 400 Franken hat Bioley für die Erfassung des Verbrechers und Staatsfeindes locker gemacht: umgerechnet ein kleines Vermögen, mit dem sich ein Stück Land erwerben lässt. Ein Schulmeister verdient ein Jahresgehalt von 80 Franken. Ein Bauarbeiter in einem Eisenbahntunel müsste fürs Preisgeld sechs Jahre lang schuften.

Von nun an kann Farinet sich nirgends mehr sicher fühlen. Als er in Fully Unterschlupf sucht, ist dies dem Chef des Justiz- und Polizeidepartementes angezeigt worden. Bioley schickt einen vertrauenswürdigen Korporal aus, der den glücklosen Käufer von Blutegeln – man erinnert sich – als Spitzel anheuert. Die Häuser der einstigen Komplizen werden von Gendarmen in Zivil umstellt. Doch die Aktion bleibt erfolglos.

Für Julien Caillet-Bois, den Korporal, wird Farinet zur Obsession werden, seine Gefangennahme zur Lebensaufgabe. Er ist ganz der staatstreue Polizeibeamte. Landwehrklasse 1865, verläuft die berufliche Karriere dieses Landjägers ziemlich parallel zur kriminellen Karriere des Geldfälschers Joseph-Samuel Farinet. Und ich vermute, dass dieser immer flüchtige und darum immer präsente Verbrecher den engagierten Polizeimann im Geist verfolgt. Caillet-Bois entwickelt sich zu einer Schlüsselfigur im kommenden Drama.

Korporal Caillet-Bois kocht. Die Leute decken Farinet. Der da mit einem Karabiner auf den Schultern und einem Revolver am Gürtel durch die Lande zieht und den bald alle kennen, wird kaum je angezeigt. Die Leute tischen die frechsten Ausreden auf. Sie hätten gemeint, es handle sich um einen Gendarmen in Zivil auf der Suche nach Farinet. Einer, der das erzählt, ist Louis Farinet, Schuhmacher in Saxon und Cousin des Joseph-Samuel. Der Gesuchte hat einfach zu gute Beziehungen.

Handkehrum scheut der Gejagte nicht davor zurück, Frauenkleider anzuziehen, etwa wenn er sich ins Stadtzentrum von Martigny begibt, wo regelmässig Gendarmen herumstehen. Karneval ist jederzeit. Die Welt ein Cabaret.

Korporal Caillet-Bois kocht! Wieder wird er mit einem Trupp losgeschickt. Farinet soll sich trotz der erfolglosen Suche noch in der Nähe von Fully aufhalten, in Saxon, soll bei einem Landarbeiter Unterschlupf gefunden haben. Jean-Joseph Bessard. Da passiert es.

Was hat sich beim Hof dieses Bessard am 17. Februar 1880 genau abgespielt? Sicher ist: Der da im letzten Moment wegrennt durch die Gendarmen hindurch, ist der Gesuchte. Man schiesst auf ihn, trifft ihn aber nicht. Und als der Flüchtige auf der anderen Seite eines Wildbaches steht, soll der alte Bessard ihm an die zwanzigmal zugeschrien haben: «Schiess auf sie, die verdammten Polizistenschweine!»[140]

Die aber dringen ins Bauernhaus ein. Das Schauspiel wird hässlich. Ein Arzt bestätigt später, dass Bessard Verletzungen aufweist, die von einem harten Gegenstand stammen müssen. Und Bessards Frau wird behaupten, ihr Mann sei von der Gendarmerie fast getötet worden. Und ein Zeuge will einen Gendarmen sagen gehört haben: «Wir schlugen auf Bessard ein wie vier Leute, die Getreide dreschen.»[141]

Auch Caillet-Bois muss verarztet werden. Sein linkes Auge ist verletzt. Er hat nur Polizeiknüppel «herumwirbeln» sehen, weiss nicht, was sonst geschehen ist.[142] Noch in einem Jubiläumsbuch der Walliser Kantonspolizei ein Jahrhundert später wird das Ereignis der Erwähnung wert gehalten: «Korporal Julien Caillet-Bois, der

versucht, in das Anwesen einzudringen, erhält vom dort wohnen-
den Bauern einen Schlag mit dem Hammer ins Gesicht.»[143]

Der Bauer war nicht zimperlich. Doch auch Polizist Dubelluit
wird in einem Gerichtsverfahren gegen die Polizisten gestehen, dass
er dem flüchtigen Farinet zugerufen habe: «Also gut, dann töte ich
Sie!»[144] Denn die Uniformierten sind frustriert und geladen: «Es ist
schon traurig genug für mich, dass ich während ungefähr drei
Wochen ständig unterwegs sein musste, um Farinet zu suchen, und
gezwungen war, auf Brücken zu schlafen.»[145]

Nur 49 Mann zählt um jene Zeit das Polizeikorps im jungen
Kanton Wallis; verteilt auf 33 Posten. 4 der Leute amten als Wild-
hüter. 11 sind in Sion stationiert.[146] Bleiben nicht viel für die Jagd
auf den Fälscher. Um ins Polizeikorps aufgenommen zu werden, so
das Reglement, muss man lesen und schreiben können.

Gelächter im Tal

Beim Dichter Louis Courthion – geboren 1858 in Le Châble –
wird Farinet, der ewig Flüchtende, endgültig zum «Adler der Alpen»,
so heisst ein Roman, den der Literat Ende 19. Jahrhundert zu
schreiben beginnt.[147]

Der Ruf des Geldfälschers dringt ins ganze Land hinaus. Erstmals berichtet selbst die «NZZ» über den Verbrecher im abge-
legenen Wallis. Der Korrespondent erwähnt seine «Frechheit» und
die ihm eigene «Geschicklichkeit» und beklagt sich: «Die Einwohner scheinen für die Schwere des Verbrechens, dessen er schuldig ist, kein Verständnis zu haben», zumal er für die Dienste, die sie
ihm erweisen, «reichlich» zahle.[148]

Der Chef des Polizeidepartementes, Staatsrat Bioley, erhöht die
Belohnung für die Ergreifung des Adlers auf 800 Franken.[149] Dieser wird auf Plakaten ausgeschrieben.

Man vermutet den Mann in Isérables, einem Dorf in der Höhe.
Nächtlicherweile sind auf dem schmalen Weg dorthin drei Personen

gesehen worden, unter ihnen eine Frau mit einem Korb auf den Schultern. Der Korb wird gefunden, er enthält schmutzige Wäsche. Man will die Trägerin erkannt haben, es soll Frau Maret gewesen sein, die Komplizin aus dem Bagnestal.

Korporal Caillet-Bois fertigt einen Bericht an, worin er wie ein Soziologe beschreibt, welche Gemeinde im Unterwallis Farinet Sympathien entgegenbringt: Es sind Isérables, Fully, Saxon, Saillon, Leytron, Charrat, Riddes und Martigny-Combe. Die Gemeindepräsidenten gäben oft den Ausschlag für die Stimmung. Mit Farinet sympathisierten Gemeindepräsident Moulin in Saillon, Baillard in Charrat – und Sauthier, der Ex-Gemeindepräsident von Saxon und Gegenspieler des Casinokönigs Fama. Dazu gesellten sich Weinhändler und andere Gewerbetreibende.[150]

Die Geschichten werden heute noch erzählt. In Liddes im Entremont habe er Unterschlupf gefunden bei einem Freund, die Polizisten mussten davon gehört haben, jedenfalls waren sie unterwegs dahin. Keine Chance mehr für den Gesuchten zu fliehen. Gib mir eine weisse Bluse, sagt Farinet. Und so verkleidet er sich als Arzt, während die Tochter des Hauses sich als Patientin ins Bett legt. Eine gefährliche Krankheit, eine Meningitis offenbar, wird den Polizisten angegeben. Der Arzt hat ihr Kompressen auf die Stirn gelegt. Man brauche dringend Medikamente. Und der Chef des Polizeitrupps anerbietet sich persönlich, diese zu holen. Bei der Rückkehr mit dem Gewünschten – da ist der Mann im weissen Kittel schon über die Berge – habe er noch gefragt, wer denn der andere gewesen sei. Ein Doktor aus dem Aostatal, der Dr. Farinetti, Sie sind ihm vielleicht unterwegs noch begegnet.[151]

Sind sie aber nicht.

Die Polizisten werden ausgepfiffen in den Dörfern und auf den Feldern, wenn sie nach Farinet suchen. «Ihr Gendarmen seid ja damals auch nicht so sehr drauflosgegangen gegen Allet und Compagnie», heisst es etwa, gemünzt auf den Kantonalbank-Zusammenbruch.[152] Besonders die Frauen benähmen sich unerträglich, berichtet der Korporal. In Leytron rufen sie Farinet zu: «Sauvez-vous, die Gendarmen sind hinter Ihnen her.» Retten Sie sich![153] Vermutlich ist auf der Strasse unter den Weinbergen geklatscht worden, als Farinet zwischen den Baumstämmen verschwindet wie ein Schauspieler zwischen den Vorhängen.

Farinet ist tatsächlich zum Theaterhelden aufgestiegen. Im Hauptort des Bagnestales, in Le Châble, hat der Dichter Charles Michellod zur Fasnacht 1879 eine Operette inszeniert mit dem Geldfälscher im Zentrum. «Ich heisse nicht Jesus, doch stehe ich im Rang von Krösus», deklamiert der Hauptdarsteller. Die Polizei, «um die Erregung zu dämpfen», treibt die Schauspieltruppe auseinander.[154] Der grosse Rest des Textes ist leider unauffindbar.

Das Justiz- und Polizeidepartement reagiert auf das öffentliche Gelächter. In den Pinten hängt es Zirkulare auf, die der Meinungsfreiheit Hohn sprechen: «Jedes Individuum, welches, durch die Rede oder auf andere Weise, die Partei von Farinet ergreift, sei es in den öffentlichen Etablissements, vor den Vertretern der Polizei oder in jeder anderen Situation, wird als einer Übertretung schuldig erachtet (gemäss Art. 416 des Strafgesetzes) und vor die Gerichte gezogen.»[155]

Es wird ernst.

Der Deserteur

Farinets Flucht gleicht in vielem der Flucht eines anderen. Und steht in harschem Gegensatz dazu durch ihr Ende. Farinet mag von ihm gehört haben. Man nannte ihn nur «Le Déserteur».

Vermutlich wurde er zu Beginn des 19. Jahrhunderts im Elsass geboren. Frédéric Brun hiess er. Auf diese Darstellung hat sich die Wissenschaft geeinigt. Vielleicht hiess er nicht Brun.

Der habe in Frankreich ein schweres Delikt begangen, lautete das Gerücht. Der Reiseschriftsteller Victor Tissot hat seinerzeit noch eine Frau getroffen, die etwas wusste. Habe einen Hauptmann umgebracht, sei Theologiestudent gewesen.[156] Kam jedenfalls um 1840 ins Wallis, irrte zehn Jahre in der Region umher, auf Routen, die Farinet vertraut sind. Im Dorf Haute-Nendaz fand er im Maiensäss des Gemeindepräsidenten dann gastfreundliche Aufnahme – gemäss der Tradition, dass man Fremden hilft, man kann selber zum Fremden werden. Und er blieb in der Gemeinde.

Auch der Deserteur wird gelegentlich von Gendarmen gesucht, die seine Identität feststellen wollen. Der Pfarrer von Nendaz leugnet, dass jener in der Kirche sei, während derselbe soeben an der Messe teilnimmt.

Zwar hat sich dieser Fremde nie in einem Wohnhaus installiert. Lebt meist in Wäldern, übernachtet in Hütten oder im Freien. Nicht einmal auf Einladung zu Tisch tritt er ein. Er ernährt sich von Wurzeln, die er kocht, oder von Brot und Milch, die ihm die Leute schenken. Und gewinnt durch seine Haltung den Respekt der Bevölkerung. Zuletzt wird er einer der Ihren. Ein Abseitiger zwar.

Er hat das Welt- und Himmelsbild der Walliser mehr geprägt als mancher Würdenträger: Als Dank für milde Gaben malt er Heiligenbilder. Keine verwaschenen Leintuchheiligen im Pfingstlicht sind das. Sondern dralle Personen mit kräftigen Konturen, die aus dem Leben des Volkes gepflückt scheinen und eingerahmt werden von Blumen, die von der Schönheit des Lebens zeugen. Oder davon, wie schön dieses sein könnte. In der Kapelle Saint-Michel in Haute Nendaz ist heute noch sein Fries mit den Apostelgestalten zu besichtigen.

Ich erzähle dies nicht nur, um die Geschichte zu verlangsamen vor dem schnellen Ende: Das Wallis ist voll von farbigen Figuren, wie sie die Moderne nicht mehr hervorbringt. Man braucht dem alten Elend nicht nachzutrauern. Dem Verlust der kulturellen Artenvielfalt aber schon.

Nie legt der Deserteur Hand an, um zu pflügen oder zu ernten, so wenig wie Farinet. Er ist ein Heiliger. Farinet zumindest ein Engel. Der Deserteur bringt Bilder der verehrungswürdigen Jungfrau unter die Menschen. Farinet Münzen mit dem Abbild der Mutter Helvetia. Und auch den Deserteur begleitet die Vorahnung: «Eines Tages werde ich an der Reihe sein, und man wird von mir sagen, was man von den andern sagt.»[157]

Doch er stirbt friedlich, von keiner Gewalt angegriffen ausser von derjenigen der Natur und der Freiheit.

Vom schönen Jungen zum jungen Greis

Im Sommer 2007 machte der Eigentümer eines Weinberges bei St.-Léonard nahe Sion einen mysteriösen Fund. Ausgerechnet ein hoher Polizeifunktionär war's, der wieder einmal auf eine Farinet-Spur stiess.

Er habe sich entschlossen, eine verfallene «Baraque» in seinem neu erworbenen Rebberg zu renovieren, berichtete er. Eine Rebhütte mit einem Unterbau aus Stein, die wir besichtigten. Aus einem niedrigen, schmalen Kellerräumchen habe er da Unmengen von Abfall herausgeräumt, Pneus, Werkzeug, Papier. Und zuallerhinterst einen Umschlag aus Karton gefunden. Darin eingewickelt ein Gemälde und ein Blatt Papier.[158]

Das Papier, das schnell in Konfettis zerfiel, war bedeckt mit Notizen, allem Anschein nach über einen Bankier aus dem Aostatal, der im Geschäftsverkehr gestanden haben soll mit Schmugglern. (Auch deren Vermögen müssen verwaltet werden.) Doch dieser – ein Arsène Tornay – habe eben jetzt Schwierigkeiten mit der Polizei. Einer seiner Klienten und Freunde sei ein Mann namens Farinet – der Name sei auf den Notizen deutlich lesbar gewesen, berichtet der Polizeifunktionär, der nur noch die Abschrift erstellen konnte. Dieser Farinet und der Bankier hätten in St.-Léonard eine Verabredung gehabt. Am 13. April 1880. Weniger als eine Woche vor dem Tod des Geldfälschers.[159]

Farinet wird nicht zum Rendezvous aufgetaucht sein. Er war schon von der Polizei gejagt. Wer immer sich an diesem Ort dann einfand – der Maler selbst? –, konnte das Bild, wenn es denn Farinet darstellte, dem Porträtierten nicht mehr präsentieren.

Das Ölgemälde von 46 x 56 cm zeigt das Brustbild eines Mannes (siehe Bild Seite 151). Wer könnte das sein? Ist es der Bankier selber? Ein Unbekannter? Oder gar: Farinet? Ein Porträt von Farinet wäre eine Sensation. Es gibt kein gesichertes Bild von ihm.

Ich war zuerst enttäuscht, als mir der Eigentümer das Bild vorführte. Was ich sah, war ein Gemälde von offensichtlichen malerischen Qualitäten zwar, so dünkt es mich als Laien. Doch der Dargestellte schien ein alter Mann zu sein. Der historische Farinet ist vor seinem 35. Geburtstag gestorben.

Der Porträtierte wirkt grau: eingefallene, einst kräftige Gesichtszüge, der Kopf ist gesenkt, fast depressiv, Halbglatze, rostroter Schnauz mit weisslichen Strähnen. Vor uns sitzt ein eher einfacher Mann mit blauweissem Hemd und einfacher Jacke. Soll das Farinet sein? Eher ist es der Bankier. Doch: Kleidet sich ein Bankier, wenn er denn schon Geld ausgibt für ein Porträt, simpel wie der Dargestellte? Würde er nicht eher ein präsentables Jackett tragen über weissem Hemd mit versteiftem Kragen und einen Binder?

Und dann der Schock: War Farinet allenfalls mit seiner geringen Zahl an Lebensjahren schon ein alter Mann? Es gäbe Argumente dafür. Hatte er nicht schon seit zehn Jahren in der Illegalität gelebt, manchmal krank, oft schlecht ernährt, stets in Bewegung? War er nicht seit längerer Zeit überzeugt, dass man ihn fassen würde, dass er am Ende sei? Hoffnungslos und verzweifelt?

Insgesamt sind aus den Akten drei Signalemente Farinets bekannt, wenn man die Beschreibung der Leiche durch den Arzt hinzunimmt. Einiges, das zur Architektur eines Gesichtes gehört und wenig veränderlich ist, stimmt mit dem Gemälde überein.[160] Da ist die hohe, sogar vorstehende Stirne; schon im ersten Signalement des Jugendlichen wird die beginnende Glatze erwähnt. Da ist die markante lange, schmale Nase; in einem Signalement heisst sie Adlernase. Da ist das rundliche Kinn.

Anderes, das sich im Leben verändert, will nicht passen. Der rötliche Schnauz auf dem Bild stimmt mit den Beschreibungen zwar überein, doch ist er auf dem Gemälde lang und beim Fund der Leiche kurz. Der Arzt wird auch eine weisse Strähne über der Stirn erwähnen, eine solche hat der Künstler nicht gemalt; das Weiss auf dem Haupt scheint nur ein Lichtschimmer zu sein. Und er wird vom Toten sagen, dass er «in der Blüte seines Alters von 30 bis 35 Jahren» gestanden habe. Doch: Wie sieht ein Mann «in der Blüte seines Alters» aus?[161]

Das Gemälde ist versehen mit der Signatur E. Luik – wenn ich richtig lese. Über einen Maler oder eine Malerin E. Luik ist nichts herauszufinden; es war möglicherweise eine Person aus der internationalen Klientel ums Kurzentrum von Saxon, aus den Niederlanden, aus Grossbritannien, aus Estland gar, wo der Name Luik geläufig ist. Hat ein Kurgast aus Saxon den Fälscher gemalt und vom Bankier Geld dafür erhalten? Und das Gemälde dann nicht abliefern können?

Wenn der Porträtierte tatsächlich Farinet ist, würde dies jedenfalls das bisherige Bild des Volkshelden radikal verändern. Dann wäre aus dem fröhlichen jungen Mann in wenigen Jahren ein Frühgreis geworden. Ein müder Mann, gezeichnet von den Spuren der Verfolgung. Es würde den Volksheiligen indes nur menschlicher machen.[162]

Die Landjäger kommen

An der Fasnacht des folgenden Jahres, 1880, ist Farinet in den Pinten des Unterwalliser Dorfes Saillon – eines auf einem markanten Sporn gelegenen Burgdorfes – wieder beim Tanzen gesehen worden. Er tanzt den Behörden auf der Nase herum.

Neben Saillon hat er sich in einer Höhle ein Atelier eingerichtet, ein treuer Freund aus Bagnes – Maret – scheint ihm geholfen zu haben.

Es ist der Anfang vom Ende. Die kollektive Erinnerung der Bevölkerung in Saillon hat lange aufbewahrt, was im Frühling des Jahres 1880 geschehen ist. So erzählte noch die alte Victorine, die Tochter eines zu Farinets Zeiten blutjungen Serviermädchens am Ort: «Zufällig ging der alte Eduard Thurre nach Saxon hinüber, um sein Maultier beschlagen zu lassen. Als er über die Rhonebrücke zurückkehrte, hiessen ihn zwei Landjäger anhalten. Der alte Thurre hat sofort begriffen, dass die beiden Gendarmen für Farinet gekommen waren. Er hielt nicht an, sondern trieb sein Tier an. Als er vor dem Haus ankam, stand Mama dort, Elise Roduit-Perraudin. Er sagte zu ihr: ‹Elise, eil zu Farinet und sag ihm, dass zwei Gendarmen kommen werden. Ob sie ihn wohl verhaften wollen?› Und sie lief weg, um es ihm zu sagen.»

Und dann, Victorine?

«Farinet ist mit seinem Fernglas hinausgegangen, er beobachtet die Strasse und sagte: ‹Es ist soweit, zwei Landjäger, die mich holen. Nun seht ihr mich zum letzten Mal.› Er hat allen, die dazukamen, zu trinken bezahlt, und alle waren traurig, als sie ihn weggehen sahen. Und die beiden Gendarmen blieben fast die ganze Nacht vor dem Gebäude, an der Wand zu, um Farinet herauskommen zu sehen. Aber der Bau hatte eine Hintertür, durch welche Farinet hinausging; dann nahm er den Weg unter der Kirche und verschwand in Richtung Grotte.»[163]

Einen kurzen Fussmarsch von Saillon entfernt – schon auf dem Boden der Gemeinde Leytron – befindet sich eine Schlucht, eine touristische Sehenswürdigkeit. Da stürzt sich die Salentze steilab von den Maiensässen hinunter zu den Weinbergen. Da irgendwo muss auch die Grotte sein, wo Farinets Atelier gefunden wurde, wie der Kommandant der Walliser Kantonspolizei in einem Bericht schreibt. Ein Unterschlupf, 5 Meter lang, 2 Meter tief, möbliert mit einem Bett, ausgerüstet mit Decken, selbst die Maschine habe da gestanden.[164]

Dann ist da ein Trupp von einem Dutzend Gendarmen, der die Schlucht umstellt.

Die Presse, so langsam die Übermittlungstechniken damals sind, verfolgt die Jagd der Gendarmen hautnah. Jede Bewegung wird den Redaktionen gemeldet, die sie nach einigen Tagen ins Blatt setzen. Es sind frühe Live-Reportagen der Schweizer Mediengeschichte.

So lesen wir in der «Nouvelle Gazette du Valais»: «Dem in der Schlucht von Saillon über den grossen Wasserfällen eingekesselten Farinet ist es gelungen, sich an einen praktisch unzugänglichen Ort zu flüchten, auf halber Höhe der Steilhänge, welche den Rand der Salentze beherrschen.»[165]

Die Belagerung

Abend für Abend wird Farinet belagert. Die Gendarmen zünden Feuer über den Felswänden an; der Ort ist markiert wie ein riesiger Bauplatz oder die Absturzstelle eines Flugzeuges.

Den Berichten der Reporter sind die Details entnommen: Zwei Gendarmen also steigen ab, mit Seilen und Leitern. Unter ihnen der erfahrene Gemsjäger Cyrille Rey[166]. Farinet befindet sich auf einer schmalen Plattform hinter zwei Felsblöcken, die ihn etwas schützen. Da liegt er unter einem Baum, offenbar am Ende der Kräfte und nach tagelanger Belagerung dem Verdursten nahe. Als Rey ihn sieht, hebt jener nur ein wenig den Kopf.[167]

In diesem Moment löst sich der Stein, an dem sich der Gendarm hält, und der Uniformierte stürzt ab … Sein Sturz müsste tödlich enden, würde nicht eine Tanne den Aufprall mildern. Reys Gesicht wird entsetzlich zugerichtet, das Bein ist zweifach gebrochen und auch ein Arm. Der 31-jährige Mann steht kurz vor seiner Hochzeit.

Nach diesem Zwischenfall steigt die Nervosität. Bald verbreitet sich das Gerücht, Farinet sei gar nicht mehr unten in der Schlucht. Er sei in Fully gesehen worden, in Leytron auch, Dörfern der Umgebung. Die Meldungen sind gestreut von Leuten aus der Gegend, um die Gendarmen wegzulocken.

Der Walliser Polizeikommandant Théodore de Sépibus scheint, so lassen seine detaillierten Ausführungen vermuten, zeitweise selber an Ort anwesend zu sein und seine Leute anzuleiten. Er war einst Offizier in neapolitanischen Diensten. Ein Porträt zeigt ein Gesicht mit Bart und einem Schnauz, dessen zwei Enden herabhängen wie orientalische Säbel. Er lässt sich von den Gerüchten nicht beirren. Die Polizei setzt die Belagerung fort.

Farinet ist offenbar weiter abgestiegen im Geländeschlitz. Originalton «Nouvelle Gazette», mit Verzögerung von vier Tagen: «Farinet, überrascht in seinem Schlupfwinkel, sprang den Gendarmen mit der Beweglichkeit einer Gemse davon, purzelte eine erste Rampe hinunter, verschwand im Flussbett mit den grossen, glatten Steinblöcken; er rollt mehr, als er rennt, lässt sich von den zahlreichen kleinen Wasserfällen an diesem Ort mitreissen, taucht bis zu den Schultern in die natürlichen Becken an ihrem Fuss und stürzt sich triefend in den Tunnel.» Da ist ein Tunnel, der das Wasser zur Versorgung nach Saillon leitet als Teil jener Wasserführungen, die Bisses genannt werden. «Er legt den Weg mit dem Geräusch zurück, welches ein wildes Tier beim Tauchen ausstösst, als er, angekommen bei der letzten Biegung des Tunnels, in der Klarheit des Morgengrauens plötzlich die Silhouette eines bewaffneten Mannes sah...»[168]

Der Ausbruchsversuch ist gescheitert, Farinet muss sich in die Schlucht zurückziehen. Nun ist er noch mehr eingeklemmt als zuvor.

Albino Mochettaz, Farinets Urenkel, will von seiner Grossmutter gehört haben, dass Farinet nur abgestiegen sei, um Wasser zu holen. «Nahrungsmittel hatte er genug, aber es fehlte ihm an Wasser.»

Doch bei der Autopsie – auch das erzählt Farinets Nachfahre – wird man im Magen «Veilchen» finden, «wie sie im April blühen».[169]

Eifersucht

«Meinen Weg hat er versperrt, ich kann nicht weiter,
　　und Finsternis legt er auf meine Pfade.
Meiner Ehre hat er mich entkleidet,
　　und die Krone hat er mir vom Haupt genommen.
Ganz und gar hat er mich zerbrochen, und ich fahre dahin,
　　und meine Hoffnung hat er ausgerissen wie einen Baum.
Und seinen Zorn liess er gegen mich entbrennen
　　und behandelte mich wie seinen Feind.
Vereint kamen seine Scharen herbei
　　und bahnten sich ihren Weg gegen mich
　　und lagerten rings um mein Zelt.»[170]

Wie dem biblischen Hiob mag Farinet zumute sein. Und er mag sinnieren, warum er in diese Lage geraten ist. Warum es den von Korporal Caillet-Bois geführten Gendarmen überhaupt gelungen ist, sein Versteck ausfindig zu machen.

Die mündliche Überlieferung im Dorf gibt eine klare Antwort: Es war ein Streit zwischen zwei Frauen. Beide hätten sie ihm Lebensmittel gebracht. Eine von beiden habe ihn aus Eifersucht den Behörden verraten.

Das Eifersuchtsmotiv wird in Ramuz' Farinet-Roman zur Schlüsselszene: Farinet verlässt die Serviertochter Joséphine, die ihn aus dem Gefängnis befreit hat, die ihn beherbergt hat, und verliebt sich in des Bürgermeisters schöne Tochter. Er macht dieser einen erschossenen Berghasen zum Geschenk. Als die Serviertochter in der Poststelle Geld stiehlt – und dafür als Entschädigung Farinet-Gold in die Schublade legt –, damit sie mit dem Fälscher fliehen kann, lehnt dieser ab. Er will nicht fliehen. Vielleicht wird er sich stellen, freiwillig ins Gefängnis gehen, um dann die andere, die Schönere zu heiraten. Darum führt die Verratene die Polizei zum Versteck. Dann: Joséphine in Handschellen und mit halb aufgeknöpfer Bluse ...

Das Bürgermeisterstöchterchen ist eine literarische Erfindung, ein mit Farinet befreundetes Serviermädchen soll es dagegen gegeben haben: jene Mutter der Victorine, die das Nahen der Gendarmen beobachtet hat. Farinet sei in sie, die damals erst 13-jährig war, wie in viele andere weibliche Wesen verschossen gewesen: Ihr habe er auch jenes Foto gegeben, das als einziges Bild des Falschmünzers überall abgedruckt wird und vielleicht doch nicht ihn zeigt.[171]

Dass Farinet verraten wurde, ist aktenkundig: Polizeikommandant Herr de Sépibus bestätigt in seinem Bericht an die Regierung, man habe nicht nur Frau Maret – die immer noch als Farinets Geliebte gilt – überwacht, sondern man habe Hinweise – «conseils» – erhalten von einer weiteren Person. Den Namen nennt er nicht, sie wäre gelyncht worden.[172]

Die Leiche

Am Morgen des Samstags, 17. April im Jahre 1880, wird Farinets Leiche entdeckt, hin- und herschwappend im Wasserbecken. Zuunterst in der Salentze-Schlucht. Ein kleiner Trupp von Leuten – Einwohner aus der Gegend und ein Gendarm – steigt hinunter, gesichert an Seilen, bindet den leblosen Körper ans Seil und hievt ihn hoch.

Man wickelt den Leichnam in ein Tuch und bettet ihn auf eine Leiter. Unter grossem Gefolge wird er ins Gemeindehaus von Saillon getragen und aufgebahrt. Die Bevölkerung legt Blumen auf den Toten.

Man sammelt die Effekten des Verstorbenen ein: Ein Sechs-schuss-Revolver, dessen Lauf vom Aufprall gekrümmt ist, durchgeladen, aber kein Schuss ist abgegeben worden. Eine fast neue Uhr, das Glas zerbrochen und die Zeiger fehlend, vielleicht wurden sie in den letzten Tagen zerstört, vielleicht sind sie schon längst nicht mehr da und die Uhr dient bloss der Repräsentation. Ein zerfleddertes Buch: «Le Nouveau Manuel complet des alliages métalliques, contenant la préparation de ces alliages…, par A. Hervé, Paris 1879». Es behandelt die neuesten Erkenntnisse über metallische Legierungen.

Vollständig ist die Effektensammlung offensichtlich nicht. Es fehlt das Geld. Wie sich zeigen wird, ist Farinets Leichnam bestohlen worden. Der erstabgestiegene Dorfbewohner hat drei Portemonnaies gefunden und den Grossteil des Inhaltes an sich gebracht. Eine grössere Anzahl 20-Franken-Goldstücke. Er kommt sich durchaus nicht als Dieb vor, habe er doch bei der Fahndung nur mitgewirkt, weil es hiess, der Erste, der Farinet finde, habe das Recht, zu behalten, was dieser besitze. Trotz seines volksnahen Rechtsverständnisses wird der Leichenfledderer angeklagt werden.

Der Autopsiebericht des Dr. Lugon aus Martigny ist noch vom selben Tag datiert, an dem die Leiche aufgefunden wurde.

Nach der Beschreibung der Person konstatiert der Arzt: Der Schädel sei total zerbrochen und in der Mitte durchbohrt. Über der rechten Stirnseite klaffe eine lange, tiefe Wunde. An der Nasenwurzel und unter dem linken Auge fänden sich Schrammen. Der ganze Körper weise Rötungen und Schürfungen auf. Der linke Arm sei verstümmelt. «Der Magen ist flach und leer, ebenso wie die Gedärme.»[173] – Farinet hat seit Tagen nichts gegessen.

Das Begräbnis in Saillon wird zum Grossereignis, und es wird berichtet, dass «manche Thräne floss».[174]

Ein Falschmünzer sollte nicht zu Tode verurteilt und umgebracht werden, meinte der liberale französische Philosoph Voltaire schon ein Jahrhundert zuvor. «Ein Falschmünzer ist ein vortrefflicher Künstler», und Voltaire schlug vor: «Man könnte ihn in einem ewigen Gefängnis dazu brauchen, dass er sein Handwerk mit echten Landesmünzen forttreiben und zum Nutzen des Staates arbeiten müsste.»[175]

Schade um sein Können jedenfalls. Nur: Wie ist dieser Geldfälscher nun wirklich zu Tode gekommen?

VI. Tot und nochmals tot

Der erste Tod

Für die Polizei ist die Sache klar: ein Unfall. Farinet hat sich durch ein kluges Täuschungsmanöver beirren lassen. Die Gendarmen hatten Befehl erhalten, die Stellung demonstrativ zu verlassen, um in der Nacht zurückzukehren. Farinet in der Meinung, die Belagerer seien tatsächlich abgezogen. «Da Letzterer weder Feuer sah in der Nacht, noch am Morgen die auf den Höhen postierten Wachen, wird er tatsächlich geglaubt haben, dass die Gendarmerie den Rückzug angetreten habe», so Polizeikommandant de Sépibus, «und wird unglücklich gestürzt sein, im Versuch, die Lage auszukundschaften oder gar zu fliehen.»[176]

Ein Sturz, mindestens 150 Meter in die Tiefe, nach Kennern der Gegend.

Diese Darstellung steht nicht im Widerspruch zum Autopsiebericht. Zwar spricht der Mediziner von einer auffälligen Wunde am Hinterkopf: «Die Lippen dieser Wunde waren gespreizt; ich konnte tief in die Verletzung eindringen: die Kopfhaut, der Knochen, die Hirnhaut, alles war zerrissen. Die Gehirnmasse bot sich als ein Brei dar.» Doch äussert er sich nicht, wie diese Wunde entstanden sein könnte.[177]

Und eine Kugel hat der Arzt, Dr. Lugon, offenbar nicht gefunden, er erwähnt jedenfalls keine.

Mehrere Zeugen bestätigen, dass man zwar im Verlauf der Woche Schiessen gehört habe, aber nicht an diesem tragischen Samstag. Und Saillons Gemeindepräsident Moulin, der Farinet oft in der Kneipe bewirtet hat, glaubt wie die Polizei: «Meiner Meinung nach wollte Farinet aus der Schlucht herauskommen, in der er gekauert ist, und stürzte in den Schlund, wobei er den Tod gefunden hat.»[178]

So kann der Polizeikommandant seinen Leuten gratulieren. Korporal Caillet-Bois wird wenig später zum Wachtmeister befördert.

Ein Unfall durch Umstände, die von der Polizei glücklich arrangiert worden sind, wie einige spotten.

Der zweite Tod

Beim Begräbnis am Montag nach dem Leichenfund kommt es zu heftigen Auseinandersetzungen. Ein Polizeileutnant soll Korporal Caillet-Bois vorgeworfen haben, dass Farinet «von einem Gewehrschuss getötet» worden sei. Der Leutnant habe sich echauffiert: «Farinet war der ehrbarere Mann als ihr alle zusammen.» Worauf der aus der Fassung gebrachte Caillet-Bois erwidert habe: «Wir werden uns wiedersehen.»[179]

Auch diese These stützt sich auf Dr. Lugon, hat dieser doch schon teilgenommen an der Bergung der Leiche, wo die Wunden erstmals festgestellt worden sind: «Der Schädel total zertrümmert und in der Mitte durchbohrt.»[180]

Bis heute wird von Farinet-Freunden die Aussage eines späteren Oberrichters, Camille Desfayes, kolportiert, welcher den unwiderlegbaren Beweis für die Ermordung zu haben glaubte: «Als ich junger Student war, gehörte ich zu denen, die vor Farinets Bahre defilierten. Ich hob seine Haare auf, und ich sah auf der Höhe der Stirn ein Loch, in welches ich meinen Bleistift eintauchte. Er kam hinten am Schädel wieder hinaus. Ein Projektil war da durchgegangen …»[181]

Denn wenn am Samstag, als Farinets Leiche gefunden worden ist, keine Schüsse mehr zu hören sind, kann dies auch heissen, dass er nicht am Samstag erschossen worden ist: «Zwei Tage lang besprengten die Gendarmen buchstäblich den Ort, wo sich Farinet versteckt hielt, mit Kugeln», soll Oberrichter Desfayes argumentiert haben: «Sie sparten keinen Fels aus, keinen Busch, keine Erdscholle. Warum sollten sie ihn nicht getroffen haben?»[182] Und dass er getroffen worden sei, war auch die Meinung anderer.[183]

Der Kapuzinermönch, der die Aussagen des Oberrichters in seiner Farinet-Erzählung überliefert, äussert die Vermutung, dass jene Episode, als der Gemsjäger und Gendarm Rey stürzte, nicht in jedem Detail so verlaufen sein müsse, wie sie berichtet wird. Ein zweiter Gendarm, der mit Rey abstieg, habe sich beim Anblick Farinets gefragt, ob der nicht schon «tot vor Hunger» sei.[184]

Vielleicht war er schon tot. Vielleicht nicht vor Hunger. Rey, der bis 1901 lebt, wird über das Geheimnis der Salentze-Schlucht beharrlich schweigen.

Die aufgefundene Agenda eines Walliser Magistraten, der offensichtlich mit der Verfolgung Farinets zu tun hatte, soll die Absicht der Behörden, Farinet umzubringen, belegen. Klein und mit Bleistiftschrift hat die Amtsperson den Namen Farinets einige Tage vor seinem Tod eingetragen; mit Tinte und schwungvollem Grossbuchstaben F – wie mit Todesflügeln – denselben Namen etwas später erneut, «was vielleicht bedeutet, dass er ihn in den Himmel oder in die Hölle schickt», mailt mir der Besitzer dieses Büchleins, Claude Raymond aus Saillon. Dann findet sich beigesteckt eine Zusammenstellung über die Kosten für die Bergung der Leiche.[185] Nur: An der Tötungsabsicht besteht eigentlich kaum Zweifel. Unklar ist, ob Farinet dann tatsächlich getötet wurde.

Der Regisseur Max Haufler sollte 1938 einen Farinet-Film drehen – das Gemeindehaus von Saillon wurde dabei zur Poststelle des Phantasieortes Miège, und der spätere Mitbegründer der «Amis de Farinet», Pascal Thurre, war ein Bub in der Menge. Doch das Ende der Geldfälscherbiografie bereitete dem Regisseur offensichtlich Mühe. Schliesslich folgt im Film nach der Schiesserei der Polizisten oben am Rand der Schlucht – Farinet wird dabei verletzt – gleich die Bergung der Leiche unten im Wasser. Ob eine Kausalität vorliegt, lässt der Schnitt offen. Anlässlich der ersten Vorführung des Streifens in Saillon gerät wegen eines Kurzschlusses der Projektor in Brand, die Bevölkerung muss den Raum keuchend und hustend verlassen. Manche nehmen es als späte Rache des Geistes eines Toten dafür, dass Regisseur Haufler nicht zu zeigen wagte, auf welche Weise der Held wirklich gestorben sei.

Der dritte Tod

Nichts schliesst aus, dass Farinet freiwillig aus dem Leben geschieden ist. Warum soll er es nicht vorgezogen haben, von sich aus in die Schlucht zu springen? Hat er nicht seinem Bruder Placide vor Jahren geschrieben: «Sie werden mich nicht mehr erwischen»?[186] Hat er nicht angekündigt: «Und bevor ich mich ergebe, reserviere ich den letzten Schuss, der mir bleiben wird, für mich»?[187] Den Revolver hat er nicht benützt. Oder nicht benützen können.

Wenn er schon vom Felsen springt, finden die Legendenfabrikanten, dann gleich hinaus aus dieser Welt der Zwänge:
«Aber im Moment, wo die Miliz
Hand an ihn legen wollte
springt er in die Schlucht
mit grossem Schrei: ‹Endlich frei!›»,
dichtet der Schriftsteller Budry im 20. Jahrhundert.[188]
Und der Schriftsteller Maurice Chappaz schildert in seinen Walliser Porträts den Todessturz eines Arbeiters an einer Bisse, einer Wasserleitung in den Felsen, wie es solche auch in der Gegend von Saillon und Saxon gab. Ein letzter Schrei ist zu vernehmen. Doch was der Stürzende ausstösst, ist nicht «Hilfe» und nicht «Jesus Maria», sondern «Auf Wiedersehen, Freunde!»[189] – Farinet, wenn er denn freiwillig losgesprungen ist, muss im Interesse der Nachwelt einen solchen Ruf gejauchzt haben.

Der vierte Tod

Der Farinet des Volksglaubens hat nicht Selbstmord gemacht. Was wäre das für ein armseliges Ende, sich ein Loch ins Hirn zu schiessen oder von einem Felsen zu springen, um an Steinen aufzuschlagen oder von einer Tanne aufgespiesst zu werden?

Darum hat Pascal Thurre, Verfasser eines Schauspieles, das von den «Amis de Farinet» unter freiem Himmel in Sion aufgeführt wurde, ein pathetischeres Ende erfunden. Er habe, so erläutert er mir, einen Farinet zeigen wollen, «der keine Waffen mehr braucht, der sie weggeworfen hat, der sein Hemd aufreisst und den Polizisten entgegentritt mit den Worten ‹Tötet mich›.»

Sein Held gleiche den Friedfertigen vor den Panzern in Prag – als die Russen einmarschierten 1968 – und auf dem Grossen Platz in Peking – als das Regime sein eigenes Volk niederwalzte 1989 – und in allen Geschichtskatastrophen, die noch kommen werden, so Thurre weiter.[190]

Der Farinet der Volkslegende darf, nachdem er ein Leben lang gemsengleich und adlerartig die Berge durchstreift hat, nicht wie ein Kaninchen abgeknallt werden. Er hat sich als Opfer dargeboten. Als pazifistischer Held.

Der fünfte Tod

Farinet stirbt gar nicht. Er verliert sein Leben nur, um unsterblich zu werden. Im selben Volksschauspiel, das in Sion gegeben wurde, fällt zwar der Vorhang nach Farinets Tod. Doch die Regieanweisung vermerkt: «Während das Publikum aufsteht und weggeht im Glauben, alles sei fertig, erscheint wie ein Gespenst zuoberst auf dem Turm Farinet als Phantom in einem Lichtbündel.»[191]

Farinet ist ja kein Krimineller. Er gehört höheren Sphären an. Wie hat der Kapuzinermönch und Farinet-Biograf Crettol gesagt? Der «sympathische Valdostaner» sei trotz seinen Streichen im Vergleich zu anderen «ein Engel im Paradies».[192] Er hat kein Geld genommen, er hat Geld gegeben. Ein schwarzer Engel ist er, hinabgestiegen ins Sumpfig-Irdische, und seine falschen Münzen sind echter als die echten.

Farinet wandelt weiter durch Berg und Tal. Zumindest die Lust, Geld zu fälschen, geistert weiter. «Kaum hatte der berüchtigte Farinet sein tragisches Ende gefunden», weiss die «NZZ», «als drei seiner Landsleute» – es seien schlichte und beschränkte Bauern gewesen – «in der Lithographie Erne in Sitten erschienen und tausend italienische Bankbillets zu zehn und tausend zu fünf Franken bestellten.» Vergeblich habe der Geschäftsführer ihnen begreiflich machen wollen, dass Gelddrucken nicht erlaubt sei. Der Produktionstermin wird festgesetzt. Dass unter den Arbeitern dann allerdings ein verkleideter Gendarm ist, hat die Besteller überrascht, die sich im Zuchthaus wiederfinden werden.[193]

Kurz darauf wird im Waadtland ein Keller ausgehoben, wo französische Goldstücke mit dem Bildnis Napoleons III. und der Jahreszahl 1862 kreiert worden sind. Einer der beiden Beteiligten war ein ehemaliger Polizist. Die Idee, Falschgeld zu prägen, habe er empfangen, «da er als Walliser Gendarm den berüchtigten Falschmünzer Farinet zu bewachen hatte».[194]

Die Sektion Monte Rosa des Schweizerischen Alpenclubs nimmt den Untoten postum als Ehrenmitglied in ihre Reihen auf – als einzige Person, der nach dem zivilstandsamtlichen Tod diese Ehre erwiesen worden sei.[195]

Der sechste Tod

Noch ist aber Farinets Leiche da. Zwar hat einer mit Sinn für historischen Witz sie geplündert und deren Geld zu sich gesteckt, damit es weiter gute Dienste tue. Doch die Leiche muss beseitigt werden. Man wagt nicht, sie ordentlich auf dem Friedhof zu begraben. Für den Falschmünzer wird an der Aussenmauer der Kirche hinter der Sakristei ein Grab geschaufelt, in ungeweihter Erde, wo allenfalls

Platz ist für Gottlose, Selbstmörder, Geschiedene und Kindsmörderinnen. Menschen legen zwar Kränze auch an diesen verrufenen Ort, doch diese verwelken schnell, und noch schneller werden sie weggenommen.

Jahrzehnte später besucht der Schauspieler Jean-Louis Barrault, Hauptdarsteller in Hauflers Farinet-Film, das Grab, um darauf das erste Kreuz zu pflanzen. Die Stätte ist kaum zu finden und ohne jedes Kennzeichen.

Es kommt noch schlimmer. Als die Umfassungsmauer um den Bereich der Kirche in Saillon renoviert werden soll, bricht der Friedhof ein. Gerippe kullern ins Tal. Seither gilt Farinets Schädel als verschollen. So stirbt noch der Tote.

Eingeweihte glauben zu wissen, wo der Schädel aufbewahrt wird. Die nächste Strophe der Farinet-Ballade wird bestimmt gedichtet werden.

Der siebte Tod

Das wirkliche Ende: Es werden Bücher geschrieben über Farinet. Gedichte, Theaterstücke, Romane, Sachbücher. Die Legenden überwuchern jede Realität, und Farinet aspiriert schon darauf, Schweizer Nationalheld zu werden. Zumindest wird er von einigen Unterwallisern geliebt, als wäre er die wichtigste Gestalt, welche die Schweiz hervorgebracht hat.

Der Autor dieses Buches erinnert sich an Gespräche im Unterwallis, die etwa so oder anders verlaufen sind beim dritten «ballon» Weisswein:

Mein Vis-à-vis – er war glaube ich Druckereibesitzer, aber eigentlich ist das bedeutungslos – lancierte die These: «Farinet eignet sich besser zum Schweizer Nationalhelden als Wilhelm Tell; ihn müsste man feiern am 1. August.»

Autor: «Wenn denn…» Kein Einwand kann das Vis-à-vis aus der Bahn werfen.

Vis-à-vis: «Vois donc. Farinet ist materialistischer als Tell. Während Tell nach Vögeln jagt, prägt jener Geld. Während Tell von der Hand in den Mund lebt, füllt Farinet die Tresore. Der Jäger verkörpert noch die Urproduktion. Der Handwerker bereits den industriellen Sektor.»

Autor: «Aber ... Noch ein Glas?»

Vis-à-vis: «Mais oui. Die Unterschiede sind évident. Tell trägt ein weisses Hirtenhemd. Farinet ein dunkles Gilet.»

«Und seine Weste war auch sonst nicht rein», wirft der Autor ein.

Vis-à-vis: «Ça c'est clair. Der Jäger Tell zieht mit der Qualitätsarmbrust durch die Gegend. Das Requisit des Fälschers ist das Portemonnaie.»

Autor: «Und das ist dem Schweizer näher.»

Vis-à-vis: «Enfin! Tell kommt im Hirtenhemd daher, Farinet im dunklen Filzgilet. Tell trägt schwere Berglerschuhe, Farinet elegante Wildwest-Stiefel. Tell geht im Frühtau zu Berg, während Farinet bis lange in den Morgen hinein schläft. Und doch» – so das Vis-à-vis weiter – «war der Walliser auf seine Weise tüchtiger: Er wurde respektvoll ‹Geldfabrikant› genannt. Stossen wir an auf Farinet, den schwarzen Nationalhelden dieses Landes. Er lebe lang!»

«Wenn denn Nationalhelden überhaupt sein müssen», sagt der Autor noch, dem diese Argumentation indes vollkommen einleuchtet.[196]

So wird die Figur Farinet immer wieder gewendet im Staub, der sich in all den Jahrzehnten gesetzt hat. Der Falschmünzer wird, nachdem er einmal zum Heiligen erhoben worden ist vom Buchautor Clotert und in die Volksseele eingegangen ist als schwarzer Nationalheld, wieder zum kommunen «Übeltäter» gemacht durch den Walliser Schriftsteller Alain Bagnoud, mit demselben ideologischen Furor.[197] Der Soziologe Gabriel Bender erklärt ihn handkehrum zum «Messias» der Farinet-Freunde. Den Verfasser des

110

vorliegenden Buches schliesst er liebevoll in den Verdacht der Heiligen- und Heldenverehrung ein.[198]

Der historische Farinet tut unter dem Gewicht solch muffiger Erwägungen und unsinniger Debatten den allerletzten Atemzug.

Durch Bücher wird jede lebendige Person, im Mass wie sie zu literarischem Leben erweckt wird, zugleich verschüttet. Mag ein Werk auch mit 200 wissenschaftlichen Anmerkungen aufwarten!

Nachtrag – Ein Geldfälscher im 20. Jahrhundert

Farinets Schatten reicht weit. Noch hundert Jahre nach den Geschehnissen tauft ein Bundespolizist, der langjährige Verantwortliche für Falschmünzerei, sein privates Chalet im Unterwallis auf den Namen des legendären «Farinet».

Und ein Geldfälscher, der seine Strafe abgesessen hat, malt ein Gemälde von Farinets Leiche im Bett des Wasserfalls – fasziniert vom unglücklichen Vorfahren in seinem Métier. Der Maler, Hans-Jörg Mühlematter, war Drucker gewesen im Zürcher Stadtkreis 4 und später im Limmattal. Und Urheber des grössten Falschgeldskandals der Schweiz im 20. Jahrhundert. Der Bundespolizist hatte ihn kennengelernt, als die Sache aufgeflogen war.

Ich hatte als Journalist Gelegenheit, die beiden zu einem Gespräch zusammenzubringen, um das Puzzle dieser Falschgeldgeschichte noch einmal zusammenzusetzen: Roger Décaillet, den ehemaligen Leiter der Zentralstelle zur Bekämpfung der Falschmünzerei in Bern, und jenen Hans-Jörg Mühlematter, der als Drucker Abwege beschritten hatte. Es kam zu einem Gespräch, an dem sich alle Beteiligten bestens unterhielten:

Wottreng, Journalist: Ich habe gesehen, wie Sie beide auf dem Trottoir fast wie alte Klassenkameraden zu unserem Treffpunkt spaziert sind. Wo haben Sie sich kennengelernt?

Décaillet, ehemaliger Fahnder: In Zürich bei den Einvernahmen.

Mühlematter, ehemaliger Fälscher: Ja, das stimmt.

Décaillet: Ich hatte kurz zuvor eine Hausdurchsuchung in seiner Wohnung durchgeführt, bei der wir ein Päcklein im Ghüderkessel fanden. Mit etwas Mehl darüber und zwei verschlagenen Eiern. Das waren etwa 240 Hunderternoten.

Mühlematter: Es sind schöne Scheine gewesen, von der besten Serie.

Décaillet: Wir legten sie ihm auf den Tisch. Zuerst streiten Angeschuldigte ja jeweilen ab. Als das Päcklein aber da lag, hat er zu erzählen begonnen.

Mühlematter: Bei so etwas kommt halt die Bundesanwaltschaft, da wird ein ganz anderer Apparat in Betrieb gesetzt, als wenn einer nur ein Velo stiehlt.

Décaillet: Das Einvernahmeprotokoll zählte etwa zwanzig Seiten.

Wottreng: Wie hat die Falschgeldgeschichte denn angefangen?

Mühlematter: Geld zu drucken begann ich, weil ich in einer ganz üblen Situation war. Es tönt zwar dumm, wenn man sich als ehemaliger Täter zuerst zu entschuldigen scheint. Aber es gibt immer etwas, das den Ausschlag gibt. Nach meiner zweiten Scheidung ging ich nach Mailand und malte dort Bilder, die ich auf der Strasse illegal verkaufte. Da habe ich einen kennengelernt, der mir einige Bilder abkaufte. In Zürich besass ich eine kleine Druckerei, die recht und schlecht ging – es war im Jahr 1974, viele Betriebe gingen ein. Ich wusste, wir müssen mehr Aufträge haben, es muss mehr laufen. Der Italiener sagte mir: «Sei capace a fare fasulli?» – kannst du Fälschungen herstellen? Ich zögerte und antwortete: Grundsätzlich könnte ich das schon. Er erzählte mir dann von einer Banktransaktion, bei der das Geld mit Hilfe eines korrupten Bankbeamten ins Depot genommen und anschliessend belehnt werde. Das Geld komme so gar nicht in Umlauf. Man mache danach ein fröhliches Feuerchen daraus, und der Fall sei erledigt. Das tönte verlockend, und ich war halt naiv.

Décaillet: Es war eine Verbrecherorganisation. Auf die Spur kamen wir Mühlematter durch den anonymen Brief eines sogenannten Kollegen; als Freund kann man so einen ja nicht bezeichnen. Darin stand, er drucke falsche Hunderternoten.

Mühlematter: Ich habe mich immer gewundert, wie die mir auf die Schliche gekommen sind.

Décaillet: Auf Grund dieser Angaben hat die Bundesanwaltschaft ein Verfahren eröffnet, und die Kapo hat ihn überwacht. Er hat's zwar gemerkt.

Mühlematter: Für die Überwacher war das natürlich blöd.

Décaillet: Wir haben dann die Hausdurchsuchung angeordnet, das war am 20. August 1976. Die eine Gruppe hat die Druckerei durchsucht, und wir sind eben zu ihm nach Hause.

Mühlematter: Da hat's für mich dann tötelet.

Décaillet: Er hatte zuerst eine Serie von 1,25 Millionen produziert, eine traurige Büez, die Noten hatten einen violetten Stich.

Mühlematter: Er weiss das alles. Sie waren wirklich lausig.

Décaillet: Die Mailänder sagten: Die wollen wir nicht. Die hätte ich als Auftraggeber auch nicht angenommen. Dann hat er eine zweite Serie gemacht, die gut war. Als Papier hat er Syntosil verwendet, das man für Landkarten braucht.

Mühlematter: Syntosil hatte eine gewisse Festigkeit, und wenn man ein Relief hineinprägte, besass das Geld schon eine gewisse Glaubwürdigkeit.

Décaillet: Das Papier konnte im ersten Moment tatsächlich zur Meinung verführen, es sei echt. Der Metallfaden wurde dann aufgedruckt.

Mühlematter: Als Herr Décaillet mir im Verhör die Noten auf den Tisch legte, war der Fall klar, und ich habe gestanden.

Décaillet: Mühlematter ist eben einer, der nicht lügen kann.

Mühlematter: Ja ehrlich, das kann ich nicht.

Décaillet: Ich bin dann ein paarmal nach Mailand gereist, um die Hintermänner zu suchen, in Zusammenarbeit mit der Mailänder Polizei. An der «Via Fattebene Fratelli», was wörtlich heisst: Tut Gutes, Brüder.

Mühlematter: Ein schöner Name. Dietro il duomo – hinter dem Dom – war das.

Décaillet: Die Hauptserie druckte er in Italien unten, zwischen Chiasso und Mailand. Praktisch unter Bewachung.

Mühlematter: Ah, ja, ja, Ich hatte tatsächlich die Pistole im Rücken.

Décaillet: Mit einer verlotterten Druckmaschine.

Mühlematter: Furchtbar. Eine alte Gutenberg.

Décaillet: Praktisch einen Monat hat er dort gearbeitet.

Mühlematter: Grausam. In einer Plasticfabrik.

Décaillet: Das war organisiertes Verbrechen, doch am Schluss hat er eigentlich nur dumm dreingeschaut. Er hat ja kein Geld dafür bekommen.

Mühlematter: Nein, nichts. 800 000 Franken hätten herausschauen sollen für mich – ich habe das Geld nie gezählt. Ich habe erst von der Polizei erfahren, wie viel ich gedruckt habe. Man lässt die Maschine einfach laufen.

Décaillet: Er hat etwa sechs Millionen gedruckt, und etwa zwei Millionen davon waren Abfall. Es gab noch eine Episode, die romanwürdig ist. Mühlematter fuhr mit seinem zweiten Probedruck nach Italien – und hatte in der Gegend von Thusis einen Unfall. Seine Druckplatten waren unten am Wagenboden befestigt. Er hat dann das ganze Zeug in Panik neben der Strasse in einem Gebüsch versteckt, bevor die Polizei erschien. Zwei oder drei Tage später holte er das wieder mit einem Mietwagen ab.

Mühlematter: Genau so war es!

Décaillet: Von 1976 bis 1981 wurde sein Geld verbreitet, insgesamt 38 000 Noten wurden im Laufe der Jahre sichergestellt.

Mühlematter: Auuwää! So lange waren die also im Umlauf? Und ich habe nie eine Schraube gesehen.

Décaillet: Für mich war es der erste grosse Fall in meiner Tätigkeit als Falschgeldbekämpfer.

Mühlematter: Das Verhör wurde dann sehr anständig geführt, wir sprechen ja beide berndeutsch und können ruhig miteinander reden. Ich bin auch in keiner Art und Weise schikaniert worden.

Décaillet: Er gab auch keinen Anlass dazu. Doch er hat dann viereinhalb Jahre erhalten.

Mühlematter: 32 Monate musste ich absitzen. Ich sagte mir damals: Nie wieder, fertig, Schluss, aus. Ich bin auf die Nase gefallen, in jeder Beziehung. Von allen bin ich nur gelegt worden. Jetzt wird gekrampft. Meine Druckerei kommt wieder auf die Beine. Ich sagte: Ich drucke alles, nur nichts Krummes mehr. Und ich habe wirklich Tag und Nacht gearbeitet.

Décaillet: Dann haben Sie doch wieder gefälscht, und gar als über 60-Jähriger.

Mühlematter: Jawohl. Meine langjährige Freundin und Ehefrau hatte mich verlassen. Einfach so, ohne Krach. Dass sie seit zwei Jahren ein Gschleipf mit einem Kollegen von mir hatte, das hat mich völlig fertiggemacht. Gopferdelli. Nachdem wir doch gemeinsam eine neue Druckerei aufgebaut hatten. Wenn ich diese nun behalten wollte, musste ich meine Frau auszahlen. Die Bude gehörte ihr, die Errungenschaftsbeteiligung machte es möglich, das Eherecht. Wie wollte ich aber über Nacht 300 000 Franken auszahlen? Dies, nachdem der Mühlematter wieder auferstanden war von den Toten und sein Versprechen gegenüber der Justiz eingehalten hatte. So wurde ich doch wieder rückfällig. Es war ein Vabanquespiel. Entweder es gelingt, oder es ist alles vorbei. Mein ganzes Lebenswerk. Und ich habe verloren. Es flog auf.

Décaillet: Anfang 1997 haben wir eine Information bekommen – ich kann da nicht in Details eintreten –, dass er wieder dran sei, zu drucken.

Mühlematter: Ich weiss heute noch nicht genau, wie das ging.

117

Décaillet: Einigermassen war ich schon erstaunt, dass Mühlematter wieder im Geschäft war. Er ist einfach ein lieber Siech. So könnte man seinen Charakter kennzeichnen. Oder ein zu lieber Siech. Und vielleicht bis zu einem gewissen Grad ein wenig labil, könnte sein. Ich hatte jedenfalls etwas Bedauern mit ihm.

Mühlematter: Ich habe mich geschämt wie ein Hund, Ehrenwort.

Décaillet: Diesmal waren es Tausender. Mühlematter-Qualität, wenn man da von Qualität reden darf.

Mühlematter: Insgesamt ging jede Note 42-mal durch die Druckmaschine, und sie hätte noch drei weitere Durchgänge gebraucht; ich war noch nicht fertig. Das Druckpapier hatte ich mit einem Lack verstärkt, damit die Passgenauigkeit beim Durchgang garantiert war. Ganz am Schluss, als ich merkte, dass ich wohl wieder ausgetrickst werden sollte, habe ich in einen der ovalen Fühler der Ameise ein «Smiley» gezeichnet – zwei kleine Augen –, damit ich auch im Schummerlicht sofort erkennen könnte, falls man mich mit meinen eigenen Noten auszahlen wollte. (Genau besehen war es nicht ein Fühler, sondern das ungewöhnliche Stielauge der Ameise aus Neuguinea.[199])

Décaillet: 12 oder 13 Millionen waren in Arbeit. In Bezug auf den Nennwert war das der grösste Falschgeldfall jener Jahrzehnte in Schweizer Währung.

Mühlematter: Das Geld hatte in einer Sporttasche Platz. Eine Million in Tausendern ist etwa 14 Zentimeter hoch.

Décaillet: Ich habe ihn dann im Gefängnis in Aarau besucht, anderthalb Monate nach der Festnahme. Und wir haben uns gut miteinander unterhalten.

Mühlematter: Der Besuch hat mich so gefreut. Ich hatte zwar einen unerhörten Seich gemacht. Aber doch wurde ich noch nicht als allerletzter Mensch betrachtet. Ich habe vor Herrn Décaillet immer die grösste Hochachtung gehabt.

Décaillet: Vom Benehmen und seinem Charakter her habe ich eine gewisse Anerkennung für Herrn Mühlematter, er ist ein angenehmer Mensch. Und er ist ja verurteilt worden für das, was er getan hat. Er hat's eigentlich nicht gemacht, um sich zu bereichern, sondern wollte beide Male die Druckerei retten.

Mühlematter: Mir ging es immer ums Arbeiten. Ich wollte nie Ferien machen auf den Bahamas. Ich gehe fischen an den Sihlsee. Aber ich bin ein passionierter Schwarzkünstler, das ist mein Leben, ein Drucker von Leib und Seele.

Décaillet: Nach dieser Geschichte habe ich mich übrigens entschlossen, in Pension zu gehen. Mit Mühlematter hatte ich angefangen, mit ihm sollte es Schluss sein, eine runde Laufbahn.

Mühlematter: Und ich gehe immer noch ab und zu in die Druckerei. Ich muss Schulden abbezahlen, eine Pensionskasse besitze ich ja nicht. Und was drucke ich gerade? Schachteln für die Schweizerische Nationalbank. Ausgerechnet.[200]

Roger Décaillet, der ehemalige Leiter der schweizerischen Zentralstelle zur Bekämpfung der Falschmünzerei, ist pensioniert und lebt in Bern und im Wallis. Er ist Initiant des «Musée de la Fausse Monnaie» im Walliser Dorf Saillon, wo echtes und falsches Geld sowie moderne Sicherheitstechniken gezeigt werden.

Der Drucker Hansjörg Mühlematter, geboren 1934 und ebenfalls pensioniert, steht nach seiner Geldfälscherkarriere ohne Geld da. So verdient er sich durch tageweise Arbeit ein Zubrot in einer Druckerei. Soweit er Zeit findet, malt er Bilder. (So bei Abschluss des Buches 2008; das Interview wurde im Jahr 2002 in Zürich geführt.)

Anmerkungen

1 Vergleiche: «Tel est Joseph-Samuel Farinet, plus grand mort que vif»; Les Amis de Farinet (Herausgeber): Farinet l'insoumis (Idee Pascal Thurre; Redaktion Raphaël Roduit und Tharsice Crettol), Saillon 2002, S. 22.

2 «Contemplez ce lac noir et, blanches pyramides/Les grands monts dessinés dans son miroir profond/Et sous les flots lustrés, les étoiles humides/Comme le sable d'or d'un océan sans fond»; Louis Gross: Gerbes poétiques, Genf 1882, S. 216.

3 Maurice-Fabien Pellouchoud: Brief an Louis Courthion, Bagnes, 5. März 1898, in: André Donnet: «L'affaire Farinet à Bagnes, évoquée par l'un des complices... vingt ans après», in: Dialectologie, histoire et folklore (Mélanges offerts à Ernest Schüle pour son 70e anniversaire), Bern 1983, S. 261–269; Brief S. 263–269; Zitat S. 263.

4 Albino Mochettaz war der Enkel von Marie-Célestine Mochettaz, der Tochter der Farinet-Geliebten Adelaïde. So nach: E-Mail von Pascale Thurre, 30. Oktober 2007.

5 Gespräch mit Albino Mochettaz, im Weiler Ronc in der Gemeinde Saint-Rhémy, Aostatal, August 1993, Tonbandprotokoll.

6 Zeugenaussage Julien Caillet-Bois, 13. Februar 1871, Donnet Dossiers, S. 46.

7 Brief von Joseph-Samuel Farinet an seinen Halbbruder Placide Ronc, Martigny, 2. Februar 1870, in: André Donnet (Herausgeber): Farinet devant la justice valaisanne 1869–1880. Dossiers de procédure pénale (2 Bände), Martigny 1980, S. 116 ff.; Zitate S. 116 und 117.

8 Im selben Brief; Zitat S. 119.

9 Brief von Joseph-Samuel Farinet an Alexis Cabraz, Martigny-Bourg, 13. Januar 1871, in: Donnet Dossiers, S. 128 f.; Zitat S. 148.

10 Zeugenaussage Jacques Magetti, Donnet Dossiers, S. 54 f.; Zitat S. 55.

11 So von Victorine Follonier, Gespräch am 7. November 1984, nach: Valérie Périllard: Joseph-Samuel Farinet. Vom historischen Falschmünzer zum sagenumwobenen Helden (Lizenziatsarbeit am Volkskundlichen Seminar der Universität Zürich), März 1987 (Institut für Populäre Kulturen der Universität Zürich), S. 136 ff.; zur Foto siehe: S. 138.

12 Brief des Bezirksgerichtes Aosta an den Untersuchungsrichter Louis Gross in Martigny, 10. Januar 1871, Donnet Dossiers, S. 127 f.

13 Ein Westschschweizer Autor behauptet, dass Willi Wottreng dem Geldfälscher «die Walliser Staatsbürgerschaft» zuspreche – was quellenfrei erfunden ist. «Wottreng lui accorde la nationalité valaisanne» (Gabriel Bender: «Devenir messie», in: Alain Bagnoud: Saint Farinet (Nachwort), Vevey 2005, S. 75–91; Zitat S. 89). In einem Mail an den Autor korrigiert Bender: «J'ai mal interprété le titre de votre ouvrage, ‹Comment la Suisse a gagné un nouveau héros national› ... – désolé pour cette erreur.»

(E-Mail Gabriel Bender an ww, 20. Oktober 2007). Auch ein kritischer Autor geht im Wallis offenbar fraglos davon aus, dass ein regionaler Kandidat für den Job eines Nationalhelden die «Walliser Nationalität» haben müsste – die es zudem so gar nicht gibt. Wichtig ist, dass Farinet Ausländer bleibe.

14 Einvernahme des Joseph-Samuel Farinet, 28. Januar 1871, Donnet Dossiers, S. 31.

15 Einvernahme des Joseph-Samuel Farinet, 3. März 1871, Donnet Dossiers, S. 70.

16 Einvernahme des Joseph-Samuel Farinet, 9. März 1871, Donnet Dossiers, S. 77.

17 Brief des Münzdirektors Albert Escher vom 14. Januar 1871 an das Eidgenössische Finanzdepartement; Bundesarchiv, Bestand E 12(-) Band 21, Akzession 1000/36, Band 21, Dossier Nr. 170, «Fabrikation und Ausgabe falscher Münzen, 1851–1914».

18 Hannes Taugwalder: Das verlorene Tal. Autobiographische Erzählung, Aarau 1979, S. 8.

19 Bericht der Kommission des Ständerates über die Geschäftsführung des Bundesrates und des Bundesgerichtes sowie über die Staatsrechnung vom gleichen Jahre, vom 31. Mai 1975 (eingeheftet in Protokolle des Nationalrates nach dem Protokoll der Sitzung vom 21. Juni 1975), Abschnitt V: Geschäftskreis des Finanz- und Zolldepartementes, ohne Seitenzahl; Bundesarchiv, Bestand E 1301(-), Akzession 1960/51, Nationalrat, Band 58, Juni–Juli 1975.

20 Nach: Michel Carron: Bienvenue à Fully. L'Histoire de Fully dans le cadre du Valais, Martigny 1991, S. 22.

21 Charles Ferdinand Ramuz: Farinet oder das falsche Geld, (Limmat-Verlag) Zürich 1986.

22 «…on dit qu'il y met dedans un petit morceau de verre et ainsi ça fait qu'ils sonnent aussi clair et même plus clair que les bons»; Fernand Chavannes: Bourg St-Maurice. Comédie en trois actes, Genf 1922, S. 6.

23 Paul Budry: La véritable complainte du faux-monnayeur Farinet (Holzschnitte von Robert Héritier), Lausanne 1971.

24 Verhör von François Frachebourg, 4. März 1871, Donnet Dossiers, S. 74.

25 Brief des Eidgenössischen Finanzdepartementes vom 28. Januar 1871 an den Gerichtspräsidenten von Martigny (Entwurf); Bundesarchiv, Bestand E 12(-) Band 21, Akzession 1000/36, Band 21, Dossier Nr. 170, «Fabrikation und Ausgabe falscher Münzen, 1851–1914».

26 Danielle Allet-Zwissig: «Farinet et sa légende», in: Histoire et légende, six exemples en Suisse romande: Baillod, Bonivard, Davel, Chenaux, Péquignat et Farinet, Société d'histoire de la Suisse Romande (Hrsg.), Lausanne 1987, S. 73–99; Zitat S. 89.

27 Einvernahme Farinets am. 1. April 1871, Donnet Dossiers, S. 100.

28 Brief von Joseph-Samuel Farinet an den Gerichtspräsidenten von Martigny, Sion, 9. Juni 1871, Donnet Dossiers, S. 136.

29 Brief von Joseph-Samuel Farinet an den Gerichtspräsidenten, 9. Juni 1871,
    siehe oben, S. 136.

30 Brief von Joseph-Samuel Farinet an seinen Halbbruder Placide Ronc,
    Martigny, 2. Februar 1870, in: Donnet Dossiers, S. 116 ff.; Zitat S. 119.

31 Brief von Joseph-Samuel Farinet an Placide Ronc, siehe oben; Zitat S. 120.

32 Gespräch mit Albino Mochettaz, im Weiler Ronc in der Gemeinde Saint-Rhémy,
    Aostatal, August 1993, Tonbandprotokoll.

33 Brief von Joseph-Samuel Farinet an seinen Halbbruder Placide Ronc, Martigny,
    11. April 1870, in: Donnet Dossiers, S. 120 ff.; Zitat S. 121.

34 Brief von Farinet an Placide Ronc, 11. April 1870, siehe oben; Zitat S. 121.

35 Plädoyer des Staatsanwaltes Emmanuel Joris, 5. Juli 1871, Donnet Dossiers,
    S. 109 ff.; Zitat S. 112.

36 «Dans la tour, dans la tour, tu tournes comme un écureuil, tu baves et tu ris, du
    sanglotes et tu rêves, tu médites et tu maudis. Que de choses à faire dans la vie!
    Que d'actions, que d'écrits, que de conversations, des réponses et des questions.
    Des promenades à pied, à cheval, en traîneau, en auto, en avion, en bateau. Et la
    dernière? Quand tu seras sortie de la tour? Avec quoi? Dans un joli petit chalet de bois,
    m'a dit un jour un vieux fou»; S. Corinna Bille: «Dans la tour», aus «Trente-six petites
    histoires curieuses», in: S. Corinne Bille: Cent petites histoires cruelles, Trente-six
    petites histoires curieuses, Albeuve 1985, S. 187.

37 Siehe: André Donnet: La véritable histoire de Joseph-Samuel Farinet, faux-monnayeur,
    Lausanne 1980, S. 34 ff.

38 Erich Gruner: Schweizerische Bundesversammlung 1848–1920 (2 Bände) Bd. I,
    Biographien 1848–1920, Bern 1966, S. 855.

39 Siehe dazu: Bojen Olsommer: Banque cantonale du Valais 1858–1894/1917–1967,
    Sion 1968, S. 37 ff.

40 Le Confédéré, 23. Februar 1879, zitiert nach: Danielle Allet-Zwissig: «L'affaire Farinet
    dans la presse valaisanne contemporaine (1870–1881)», in: Annales Valaisannes,
    Sion 1880, S. 3–83; Zitat S. 15 f.

41 «Dentan, mécanicien, à Vevey; Réputation acquise pour la construction de vis de
    pressoirs, tours à serrer, treuils et corbeilles de différents systèmes…»; beispielsweise
    in: Le Confédéré Nr. 45, 4. Juni 1871, aber auch in weiteren Ausgaben.

42 Bericht des Gefängnisdirektors Murmann an den Vorsteher des Walliser Justiz- und
    Polizeidepartementes, Sion, 16. August 1871; Staatsarchiv Wallis, Korrespondenz des
    Walliser Justiz- und Polizeidepartementes, Eingänge/Correspondance du Département
    de Justice et Police du Valais, Lettres reçues; Bestand-Nr. 5030-2, 1871, Nr. 303.

43 Im selben Bericht.

44 Wirtin im Restaurant «Du Vieux Bourg», Saillon, bei unseren Reportagebesuchen
    im August 1993.

45 «De nouveau évadé en descendant par le privé»; Haftregister des Kantonsgefängnisses (Sion)/Registre d'écrou du Pénitencier cantonal 1859–1882; Staatsarchiv Wallis, Bestand 5090-30, Band 1, Eintrag Nr. 318.

46 Marie Métrailler: Die Reise der Seele. Die Lebensgeschichte der Marie Métrailler (Hg. Marie-Magdaleine Brumagne), Zürich 1982, S. 77.

47 Jacques Montangero: Saxon-les-Bains, ou la renommée perdue. Biographie de Joseph Fama 1813–1882, Sierre 1992, S. 144.

48 «Un étranger résidant à Saxon échange des pièces de 20 centimes contre 2 billets de mille francs»; Kurzmeldung 1869 in einer Walliser Zeitung, wohl Gazette oder Confédéré; mündliche Mitteilung von Jacques Montangero an den Autor, am 23. Januar 1993, auf Grund seiner Notizen. Montangero ist Verfasser des Buches: Saxon-les-Bains ou la renommées perdue. Biographie de Joseph Fama 1813–1882, Sierre 1992. Die Angabe konnte nicht verifiziert werden.

49 Famas Anzeige findet sich in den Gerichtsakten: Brief von Joseph Fama an den Gerichtspräsidenten in Martigny, Saxon, 7. Februar 1873, Donnet Dossiers, S. 199.

50 Erzählt nach: Jacques Montangero: Saxon-les-Bains, ou la renommée perdue. Biographie de Joseph Fama 1813–1882, Sierre 1992.

51 Nach: Montangero, im zitierten Werk, S. 127 bzw. S. 80. Zu den engen finanziellen Beziehungen siehe: Bojen Olsommer: Banque cantonale du Valais 1858–1894/1917–1967, Sion 1968, S. 36,

52 Verhör Jean Symphorien Bender, 4. April 1873, Donnet Dossiers, S. 186.

53 Verhör Pierre-Joseph Vérolet, 12. Mai 1873, Donnet Dossiers, S. 191.

54 Verhör Maurice Léger, 13. März 1873, Donnet Dossiers, S. 170.

55 Verhör Frédéric Cajeux, 28. März 1873; Donnet Dossiers, S. 181.

56 Nach: Michel Carron: Bienvenue à Fully. L'Histoire de Fully dans le cadre du Valais, Martigny 1991, S. 57.

57 Aussage der Frau nach: Verhör Pierre Léger, 9. Mai 1973, Donnet Dossiers, S. 188.

58 Aussage von Baptiste Roduit, 3. März 1873, Donnet Dossiers, S. 159.

59 Brief von Pierre-François Deléglise an Eugène Gard, 10. Dezember 1849, zitiert in: Alfred Pellouchoud: «Une famille de Bagnes en Amérique – Les Deléglise», in: Annales Valaisannes, Sion 1955, S. 314–355; Zitat S. 330.

60 Im selben Artikel, siehe oben, S. 330.

61 Gespräch mit Albino Mochettaz, im Weiler Ronc in der Gemeinde Saint-Rhémy, Aostatal, August 1993, Tonbandprotokoll.

62 Verhör Gabriel Roduit, 3. April 1880, Donnet Dossiers, S. 497.

63 Le Confédéré, 3. Januar 1879, nach: Allet Zwissig Presse, S. 38 f.; Zitat S. 38.

64 Brief von Joseph-Samuel Farinet an seinen Halbbruder Placide Ronc, Martigny, 2. Februar 1870, in: Donnet Dossiers, S. 116 ff.; Zitat S. 119.

65 Maurice Zermatten: «Maléfices et sorcellerie. Renseignements et historiettes recueillis dans le Val d'Hérens», in: Cahiers valaisans, Nr. 31, Sierre 1935, S. 1–24; zitiert S. 22.

66 Pierre Clotert (Pseudonym für Tharcisse Crettol): Farinet l'inconnu, St-Maurice 1968, S. 53.

67 Clotert/Crettol, siehe oben, S. 56.

68 Alain Bagnoud: Saint Farinet (Nachwort von Gabriel Bender), Vevey 2005.

69 Formulierungen in Anlehnung an: Maurice Chappaz: Die Walliser. Dichtung und Wahrheit, Zürich 1982, S. 110.

70 «Mandrin, bandit français réputé et voleur de chevaux serait venu se réfugier au Mayen de Jeur-Brûlée avant d'être pris et exécuté en 1755 à Valence»; in: Ohne Herausgeber (Konzept: Groupe G.), Sion: Fully de A à … Z. (gedruckt in Fully ohne Jahresangabe, Anfang 1990er Jahre); Zitat unter dem Buchstaben J, «Jeur-brûlée».

71 «Mandrin, le plus magnanime de tous les contrebandiers»; Voltaire: Prix de la justice et de l'humanité, London 1777, S. 25, bzw. Voltaire: Preis der Gerechtigkeit und der Menschenliebe, Frankfurt/Leipzig 1779 (Siebter Artikel), S. 31.

72 Eric J. Hobsbawm: Die Banditen. Räuber als Sozialrebellen, München 2007, S. 32.

73 Pietro Romeo: Giuseppe Musolino. Il giustiziere d'Aspromonte, Reggio Calabria 2003.

74 Hobsbawm, zitiert, S. 42.

75 Eric J. Hobsbawm: Sozialrebellen. Archaische Sozialbewegungen im 19. und 20. Jahrhundert, Neuwied am Rhein 1962, S. 39.

76 Nach: Les Amis de Farinet (Herausgeber): Farinet l'insoumis (Idee Pascal Thurre, Redaktion Raphaël Roduit und Tharcisse Crettol), Saillon 2002, S. 16.

77 Zur Quellenlage, siehe: Pierre Clotert (Pseudonym für Tharcisse Crettol): Farinet l'inconnu, St-Maurice 1968, S. 58 Anm. 20, (für das Gefängnis von Aosta), S. 60 Anm. 21 (für das Gefängnis von Annecy).

78 Erwähnt wird dies etwa in: Brief des Bundespräsidenten Schenk an den Präsidenten und Staatsrat des Kantons Wallis, vom 27. Juli 1878; Staatsarchiv Wallis, Korrespondenz des Walliser Justiz- und Polizeidepartementes, Eingänge/ Correspondance du Département de Justice et Police du Valais, Lettres reçues; Bestand-Nr. 5030-2, Nr. 243.

79 Die Tochter des Wärters wird erwähnt bei: Pierre Clotert (Pseudonym für Tharcisse Crettol): Farinet l'inconnu, St-Maurice 1968, S. 58 f. Wer mir den Rest dieser Geschichte erzählt hat, weiss ich leider nicht mehr.

80 Nach: Journal de Genève vom 19. September 1876, zitiert in: Nouvelle Gazette du Valais, 24. September 1876, in: Allet-Zwissig Presse, S. 29 f.

81 Nach: Journal de Genève vom 22. September 1876, zitiert in: Nouvelle Gazette du Valais, 27. September 1876, in: Allet-Zwissig Presse, S. 30 f.

82 Brief des Walliser Staatsrats an den Bundesrat, Sion, 15. April 1879, Donnet Dossiers, S. 408 ff.; Zitat S. 409.

83 Journal de Genève, 24. September, 1976, in: Allet-Zwissig Presse, S. 29.

84 Bericht der Kommission des Ständerates über die Geschäftsführung des Bundesrates und des Bundesgerichtes sowie über die Staatsrechnung vom gleichen Jahre, vom 31. Mai 1975 (eingeheftet in Protokolle des Nationalrates nach dem Protokoll der Sitzung vom 21. Juni 1975), Abschnitt V: Geschäftskreis des Finanz- und Zolldepartementes, ohne Seitenzahl; Bundesarchiv, Bestand E 1301(-), Akzession 1960/51, Nationalrat, Band 58, Juni–Juli 1975.

85 Brief des Justiz- und Polizeidepartementes des Kantons Wallis an das Eidgenössische Finanzdepartement, 25. Juni 1878 (signiert Henri Bioley); Bundesarchiv, Bestand E 12(-) Band 21, Akzession 1000/36, Band 21, Dossier Nr. 170, «Fabrikation und Ausgabe falscher Münzen, 1851–1914».

86 Aussage Louis Besse, 9. März 1878, Donnet Dossiers, S. 213, und weitere Zeugen.

87 Aussage Lucien Filliez, 9. April 1978, Donnet Dossiers, S. 216 f.; Marie Bioley, 9. April 1978, Donnet Dossiers, S. 218 f., und weitere.

88 Brief des Staatsrats Henri Bioley an Fidèle Joris, Untersuchungsrichter im Entremont, Sion, 15. Juni 1878; Donnet Dossiers, S. 399 f.

89 Le Confédéré, 24. Mai 1878, in: Allet-Zwissig Presse, S. 36.

90 «et la haute surveillance exercée par un quidam en position et son mentor» (wörtlich: und die Oberaufsicht ausgeübt durch eine bestimmte Person von Stellung und seinen Mentor); Le Confédéré, 10. Januar 1879, in: Allet-Zwissig Presse, S. 40 f.

91 Le Confédéré, 17. Januar 1879, in: Allet-Zwissig Presse, S. 41.

92 Der Walliser Historiker André Donnet, der die Akten zu den Farinet-Prozessen editiert hat, machte sich einmal daran, die Beziehungen der beiden Lokalpolitiker auszuleuchten. Seine Vorarbeiten lagern im Walliser Staatsarchiv. Doch wegen der mit dem Deposit verbundenen Sperrklausel – solche behindern die Geschichtsschreibung wie gewisse Patentente die naturwissenschaftliche Forschung – seien die interessierten Leserinnen und Leser auf das Jahr 2039 vertröstet.

93 Brief des Landjägers Julien Caillet-Bois an den Kommandanten der Gendarmerie, 14. Juli 1878; Staatsarchiv Wallis, Korrespondenz des Walliser Justiz- und Polizeidepartementes, Eingänge/Correspondance du Département de Justice et Police du Valais, Lettres reçues; Bestand-Nr. 5030-2, Nr. 174.

94 Foto in: Maurice Carron: «Bagnes. Etat du Conseil communal des juges et des vice-juges (1848–1980)», in: Annales Valaisannes, Sion 1982, S. 3–92; Bild Antoine Vaudan S. 91.

95 Aussage von Marie Cretton, 14. August 1878, Donnet Dossiers, S. 328.

96 Aussage Maurice-Eugène Maret, 14. August 1878, Donnet Dossiers, S. 324 ff; Zitate S. 325.

97 Maurice-Fabien Pellouchoud: Brief an Louis Courthion, Bagnes, 5. März 1898, in: André Donnet: «L'affaire Farinet à Bagnes, évoquée par l'un des complices … vingt

ans après», in: Dialectologie, histoire et folklore (Mélanges offerts à Ernest Schüle pour son 70e anniversaire), Bern 1983, S. 261–269; Brief S. 263–269; Zitat S. 266.

98 Eine ziemlich logisch scheinende, zusammenhängende Darstellung der Reise dieser Maschine findet sich in: Brief des Staatsrates des Kantons Wallis an den Bundesrat, Sion 15. April 1879, Donnet Dossiers, S. 408 ff., namentlich S. 409/410.

99 «Il n'était pas voleur, et s'il fut révélé/Qu'il prenait quelquefois d'une main téméraire! /… /Ce n'est que le mari qui se trouvait volé!»; Le Confédéré, 30. April 1880, in: Allet-Zwissig Presse, S. 67/68.

100 Brief von Joseph-Samuel Farinet an Fidèle Joris, Gerichtspräsident im Entremont, ohne Ort, Anfang August 1878, Donnet Dossiers, S. 402 ff.; S. 404.

101 Verhör von Maurice-Eugène Maret, 22. Juni 1878, Donnet Dossiers, S. 224.

102 Brief von Joseph-Samuel Farinet an seinen Halbbruder Placide Ronc, Martigny, 2. Februar 1870, in: Donnet Dossiers, S. 116 ff.; Zitat S. 119.

103 Bericht von Pierre-Zacharie Corthay, 28. Juni 1878, Donnet Dossiers, S. 240.

104 Eigentlich: «Du kannst sagen, dass ich Jean Farinet bin, Geldfabrikant» («Jean» kann ein Fehler im Protokoll sein); Bericht Camille Bruchez, 1. Juli 1878, Donnet Dossiers, S. 250.

105 Brief des Staatsrates des Kantons Wallis an den Bundesrat, Sion 15. April 1879, Donnet Dossiers, S. 408 ff.; Zitat S. 413.

106 Aldo di Ricaldone: «I marroni soldati della neve di Saint-Rhémy», in: Derselbe, Saint-Rhémy-en-Bosses. Dalla civiltà di Roma all'età del comune, Saint-Rhémy-en-Bosses 1990, S. 365–455; Zitat S. 426 (Übersetzung ww.).

107 Aldo di Ricaldone, im zitierten Aufsatz, S. 437.

108 Zeitungsformulierungen, summarisch in: Allet-Zwissig Presse, S. 11.

109 Charles Ferdinand Ramuz: Farinet oder das falsche Geld (Limmat-Verlag), Zürich 1986, S. 48.

110 Ramuz, im zitierten Werk, S. 82.

111 So in der Übersetzung von: Hans-Ulrich Schwaar: Farinet. «Farinet ou la fausse monnaie», i ds Bärndütsch übertriit, Bern 1984, S. 52.

112 Ramuz, im zitierten Werk, S. 100.

113 Hannes Taugwalder: Das verlorene Tal. Eine autobiographische Erzählung, Aarau 1979, S. 164.

114 Aussage François Terrettaz, 1. Juli 1878, Donnet Dossiers, S. 249.

115 Brief von Joseph-Samuel Farinet an Fidèle Joris, Gerichtspräsident im Entremont, ohne Ort, Anfang August 1878, Donnet Dossiers, S. 402 ff.; Zitat S. 406.

116 Brief von Joseph-Samuel Farinet an seinen Halbbruder Placide Ronc, Martigny, 11. April 1870, in: Donnet Dossiers, S. 120 ff.; Zitat S. 121.

117 Brief von Maurice Carron, Notar, an den Gerichtspräsidenten Fidèle Joris in Orsières, Bagnes, 5. August 1878, bei: CREPA, Centre régional d'Etudes des populations alpines, Sembrancher (Rubrik Farinet).

118 Verhör der Marie Maret-Cretton, 9. August 1878, Donnet Dossiers, S. 307 ff.; Zitate S. 309.

119 «…aucun intention d'amour conjugal»; dieses Schreiben wird nur zitiert bei Edmond Troillet: «Quand Farinet fut condamné par le Tribunal de l'Entremont», Nouvelliste Valaisan, 11. September 1938; sowie bei: Arnold Burgauer: «Unveröffentlichtes über Farinet», NZZ, Nr. 253, 13. Februar 1944. Es figuriert nicht in der von André Donnet publizierten Sammlung von Gerichtsakten.

120 Annabelle Cayrol/Josyane Chevalley: Courbet. L'Insoumis, Paris 2007, S. 116 ff. Es geht um das Gemälde «Le Paysage fantastique aux roches anthropomorphes» im Besitz des Musée de Picardie in Amiens.

121 Mail von Claude Raymond in Saillon an den Autor, 27. Dezember 2007, mit Internet-Link auf: http://www.panoramio.com/photo/4915735. Museums-angaben zum Gemälde «Vue de la Caverne des géants près de Saillon (Suisse)» gemäss Mail von Catherine Renaux, Chargée de la documentation Beaux-Arts des musées d'Amiens, vom 24. Januar 2008.

122 Siehe: Lisbeth Koutchoumoff: «Tableau de Courbet: mystère levé à Saillon», Le Temps, 19. Juli 2002; (darin auch: «Verbatim», Exzerpt von F.-O. Wolf aus dem Jahr 1879).

123 Nach: Courbet et la Suisse (Begleitpublikation zur Ausstellung im Château von La Tour-de-Peilz; Texte: Pierre Chessex), 1982, S. 47/48. Schon am 7. Januar 1874 soll das Bild verkauft worden sein.

124 Zu diesem Datum siehe: Antwort des Untersuchungsrichters von Aosta an den Gerichtspräsidenten von Martigny, Aosta, 19. Januar 1875, in: Donnet Dossiers, S. 398 f.

125 L'Ami du peuple, 1. Februar 1880, nach: Danielle Allet-Zwissig: «La condition féminine en Valais à travers la presse et les publications officielles du canton 1870–1880» (Teil V), in: Annales Valaisannes, Sion 1990, S. 77–135; Zitate S. 130/131.

126 Marie Métrailler: Die Reise der Seele. Die Lebensgeschichte der Marie Métrailler (Hg. Marie-Magdaleine Brumagne), Zürich 1982, S. 199.

127 Brief von Joseph-Samuel Farinet an den Gerichtspräsidenten Fidèle Joris, ohne Ort, Anfang August 1878, Donnet Dossiers, S. 402 ff.; Zitat S. 402.

128 Brief von Farinet an Gerichtspräsident Joris, siehe oben; Zitate S. 403.

129 Im selben Brief, S. 403.

130 Im selben Brief, S. 406.

131 Revue (Lausanne) vom 6. März 1880, zitiert in: La Nouvelle Gazette du Valais, 24. März 1880, in: Allet-Zwissig Presse, S. 59.

132 Le Confédéré, 10. Januar 1879, in: Allet-Zwissig Presse, S. 41.

133 La Nouvelle Gazette du Valais, 24. März 1880, in: Allet-Zwissig Presse, S. 62.

134 Sechs Briefe des Schweizerischen Bundesrates an den Walliser Staatsrat sind im
Staatsarchiv Wallis aufbewahrt: vom 27. Juli 1878 (Nr. 243), vom 9. August 1878
(dieselbe Nr. 243), vom 27. August 1879 (Nr. 119), vom 5. September 1879
(Nr. 217), vom 24. Oktober 1879 (Nr. 319), vom 16. März 1880 (Nr. 69);
Korrespondenz des Walliser Justiz- und Polizeidepartementes, Eingänge/
Correspondance du Département de Justice et Police du Valais, Lettres reçues,
Bestand-Nr. 5030-2.

135 Brief des Bundespräsidenten Schenk an den Präsidenten und Staatsrat des Kantons
Wallis, vom 27. Juli 1878; Staatsarchiv Wallis, Korrespondenz des Walliser Justiz- und
Polizeidepartementes, Eingänge/Correspondance du Département de Justice et Police
du Valais, Lettres reçues; Bestand-Nr. 5030-2, Nr. 243.

136 Brief des Vizepräsidenten Bundesrat Hammer an den Präsidenten und Staatsrat des
Kantons Wallis vom 9. August 1878; Staatsarchiv Wallis, Korrespondenz des Walliser
Justiz- und Polizeidepartementes, Eingänge/Correspondance du Département
de Justice et Police du Valais, Lettres reçues; Bestand-Nr. 5030-2, Nr. 243.

137 «Chef de la droite 1869»; Erich Gruner: Schweizerische Bundesversammlung
1848–1920 (2 Bände) Bd. I, Biographien 1848–1920, Bern 1966, S. 859.

138 Alexis Allet: Pour les frères Maurice, Antoine et Louis Vaudan (Plädoyer, 20 Seiten,
Fotokopie des Manuskripts), Ulrichen, Juli 1879, Anhang zum Protokoll des
Strafverfahrens am Gericht von Entremont gegen Farinet und seine Komplizen,
vom 7. März 1878 bis 19. Juli 1879; Staatsarchiv Wallis, Bestand-Nr. Ph a 53.

139 «Comment! Le grand sultan dans notre capitale/A fait pour des millions de papier
monnayé!/Et toi pour quelques sous tu nous fais du scandale!»; Le Confédéré,
30. April 1880, in: Allet-Zwissig Presse, S. 68.

140 Aussage Julien Caillet-Bois, 13. März 1880, Donnet Dossiers, S. 433.

141 Gendarme Maurice Martin nach: Aussage Pierre Follin, 17. März 1880,
Donnet Dossiers, S. 448.

142 Aussage Julien Caillet-Bois, 26. März 1880, Donnet Dossiers, S. 453.

143 Walter Loertscher: La police cantonale valaisanne 1815–1990/Die Walliser
Kantonspolizei 1815–1990, Sion 1989, S. 62.

144 Aussage Frédéric Dubelluit, 8. April 1880, Donnet Dossiers, S. 455.

145 Aussage Frédéric Dubelluit, 13. November 1880, Donnet Dossiers, S. 458.

146 Walter Loertscher: La police cantonale valaisanne 1815–1990/Die Walliser
Kantonspolizei 1815–1990, Sion 1989, S. 56.

147 Detaillierte Informationen zu diesem Romanprojekt mit Textzitaten finden sich
in: Valérie Périllard: Joseph-Samuel Farinet. Vom historischen Falschmünzer zum
sagenumwobenen Helden (Lizenziatsarbeit am Volkskundlichen Seminar der

Universität Zürich), März 1987 (Institut für Populäre Kulturen der Universität Zürich); namentlich S. 83–97.

148 Korrespondenz: «Unglücksfälle und Verbrechen», NZZ, 26. Februar 1880.

149 Zirkular des Walliser Justiz- und Polizeidepartementes vom 21. Februar 1880, zitiert in: La Nouvelle Gazette du Valais, 24. März 1880, in: Allet-Zwissig Presse, S. 20.

150 Bericht von Julien Caillet-Bois an den Staatsrat Alphonse Walther, 28. Februar 1880, Donnet Dossiers, S. 506 ff.

151 Erzählt nach: Auguste Darbellay und andere: Récits, contes et légendes des Dranses. Bagnes, Entremont, Ferret (Ouvrage collectif), Sierre 2006, S. 32 f.

152 Bericht von Caillet-Bois, siehe Anmerkung 150, S. 507.

153 Im selben Bericht, S. 508.

154 «Je ne me nomme pas Jésus/Mais je porte au rang de Crézus»; Anne Troillet-Boven: Ce temps qu'on nous envie. Souvenirs et propos sur Bagnes, Sierre 1982, S. 126.

155 Zirkular des Walliser Justiz- und Polizeidepartementes vom 21. Februar 1880, zitiert in: La Nouvelle Gazette du Valais, 24. März 1880, in: Allet-Zwissig Presse, S. 20.

156 Nach: Victor Tissot: La Suisse inconnue (14. Auflage), Paris 1888, S. 423.

157 «Un jour mon tour viendra, et l'on dira de moi ce que l'on dit des autres»; Schriftzug auf dem Bild, das unter demselben Titel figuriert (Zusatz: «Jean Joseph Sierro est mort, requiescat in pace»), 1852, abgebildet in: Jean Giono: Le Déserteur, Paudex/Lausanne 1966, S. 156.

158 Besuch in St.-Léonard am 2. Februar 2008; mündlicher Bericht des Grundstückeigentümers E. L., der anonym bleiben will, beim Besuch.

159 Nach Abschrift durch den Eigentümer. Die Abschrift ist ungesichert, möglicherweise verwischen sich Zitat und Zusammenfassung, unbekannt bleibt auch der Verfasser der Originalnotiz: «Arsène Tornay (ey? et?) originaire de l'Entremont mais établi dans la Vallée d'Aoste. Banquier (Banca Agricola?) Directeur dès 1852. Aurait eu des problèmes avec la justice italienne car accusé de recel d'argent confié par les contrebandiers de la Vallée. Parmi eux un certain Farinet originaire de St Rhémy en Bosses, condamné à une ou deux années de prison. Les deux seraient liés en affaires et en amitié. Il semble qu'ils se soient vus le 13 avril 1880 au lieu-dit Escher Zampon et qu'au cours de la conversation le banquier aurait conjuré Farinet – en fuite – de se rendre à la police.» E-Mail des Eigentümers E. L., vom 6. Februar 2008, an den Autor.

160 Vergleiche die Signalemente, die auch im Text zitiert werden, namentlich: Brief des Bezirksgerichtes Aosta, 10. Januar 1871, Donnet Dossiers, S. 127 f./Signalement des Farinet, erstellt nach Farinets Ausbruch aus dem Gefängnis am 9. Juli 1872 durch das Walliser Justiz- und Polizeidepartement, Donnet Dossiers, S. 153./Autopsiebericht von Dr. Lugon aus Martigny, erstellt nach dem Fund der Leiche am 17. April 1880, Donnet Dossiers, S. 515 f.

161 «L'aspect de ce corps offrait l'image d'un homme fort et de bonne constitution, à la fleur de l'âge, de 30 à 35 ans environ»; Autopsiebericht von Dr. Lugon aus Martigny, erstellt nach dem Fund der Leiche am 17. April 1880, Donnet Dossiers, S. 515 f; Zitat S. 515.

162 Siehe zum Thema auch: Charly-G. Arbellay: «Les Amis dce Farinet en émoi!», Le Nouvelliste, 5. Februar 2008, samt kritischen Leserzuschriften vom 9. Februar (Danielle Annet-Zwyssig), 28. Februar (Charles Fassbind), 7. März (Pascal Thurre). Ebenfalls: Willi Wottreng: «Erhält der Fälscher ein Gesicht?», NZZ am Sonntag, 9. März 2008.

163 Gespräch mit Victorine Follonier, Gespräch am 7. November 1984, nach: Valérie Périllard: Joseph-Samuel Farinet, im zitierten Werk, S. 136 ff.; Zitat S. 137. (Die Mutter sei damals 13 Jahre alt gewesen; die Tochter zum Zeitpunkt des Gesprächs über 80.)

164 «Farinet, rapport de sa fin tragique», Bericht von Théodore de Sépibus an den Staatsrat, o. D. (April 1880); Staatsarchiv Wallis, Korrespondenz des Walliser Justiz- und Polizeidepartementes, Eingänge/Correspondance du Département de Justice et Police du Valais, Lettres reçues; Bestand-Nr. 5030-2, Nr. 152.

165 Nouvelle Gazette du Valais, 17. April 1880, in: Allet-Zwissig Presse, S. 63.

166 Der Vorname wird verschieden überliefert, hier nach: Pierre Clotert (Pseudonym für Tharcisse Crettol): Farinet l'inconnu, St-Maurice 1968, S. 134.

167 In derselben Reportage, Nouvelle Gazette du Valais, 17. April 1880, in: Allet-Zwissig Presse, S. 64.

168 Nouvelle Gazette du Valais, 21. April 1880, in: Allet-Zwissig Presse S. 64 ff.; zitiertes Textstück S. 65.

169 Gespräch mit Albino Mochettaz, im Weiler Ronc in der Gemeinde Saint-Rhémy, Aostatal, August 1993, Tonbandprotokoll.

170 Hiob 19.8–19.12, nach: Zürcher Bibel, Zürich 2006.

171 Victorine Follonier, Tochter der Elise Roduit-Perraudin, im Gespräch mit Valérie Périllard, 29. Oktober 1984, nach: Périllard, zitiert, S. 138.

172 «… par les conseils d'une autre personne que vous savez»; nach: «Farinet, rapport de sa fin tragique», Bericht von Théodore de Sépibus an den Staatsrat, o. D. (April 1880); siehe oben.

173 Autopsiebericht von Dr. Joseph Lugon (Anhang zum Protokoll über die Bergung der Leiche, 17. April 1880), Donnet Dossiers, S. 515 f.

174 Walliser Bote, 8. Mai 1880, in: Allet-Zwissig Presse, S. 73.

175 Voltaire: Preis der Gerechtigkeit und der Menschenliebe, Frankfurt/Leipzig 1779 (Siebter Artikel), S. 32.

176 «Farinet, rapport de sa fin tragique», Bericht von Théodore de Sépibus an den Staatsrat, o. D. (April 1880); siehe oben.

177 Autopsiebericht von Dr. Joseph Lugon (Anhang zum Protokoll über die Bergung der Leiche, 17. April 1880), Donnet Dossiers, S. 515 f.; Zitat S. 516.

178 Aussage Joseph-Marie Moulin, 22. April 1880, Donnet Dossier, S. 517 ff.; Zitat S. 518/519.

179 Aussage Joseph Copt, 5. Mai 1880, Donnet Dossiers, S. 539; bzw. Aussage Julien Caillet-Bois, 21. Januar 1881, Donnet Dossiers, S. 545.

180 Protokoll über die Bergung der Leiche, 17. April 1880, Donnet Dossiers, S. 513 f.; Zitat S. 513.

181 Camille Desfayes, nach: Pierre Clotert (Pseudonym für Tharcisse Crettol): Farinet l'inconnu, St-Maurice 1968, S. 132 f.; Zitat S. 133.

182 Camille Desfayes, nach: Clotert/Crettol, siehe oben, S. 133.

183 Z. B. Gemeinderat Pellouchoud aus Bagnes: «Er» – gemeint Farinet – «wurde, wie du weisst, durch eine Kugel in die Stirne erschossen, wahrscheinlich mit der Komplizität des Staates»; siehe Maurice-Fabien Pellouchoud: Brief an Louis Courthion, Bagnes, 5. März 1898, in: André Donnet: «L'affaire Farinet à Bagnes, évoquée par l'un des complices ... vingt ans après», in: Dialectologie, histoire et folklore (Mélanges offerts à Ernest Schüle pour son 70e anniversaire), Bern 1983, S. 261–269; Brief S. 263–269; Zitat S. 268.

184 Clotert/Crettol, Farinet, zitiert, S. 134.

185 E-Mail von Claude Raymond, Saillon, mit Bildbeilagen, 2. Januar 2008. Er vermutet, dass es sich beim Besitzer um den Untersuchungsrichter Stanislas Chaperon aus Martigny handeln könnte.

186 Brief von Joseph-Samuel Farinet an seinen Halbbruder Placide Ronc, Martigny, 2. Februar 1870, Donnet Dossiers, S. 116 ff.; Zitat S. 119.

187 Aussage François Terrettaz, 1. Juli 1878, Donnet Dossiers, S. 249.

188 «Mais à l'instant ou la milice/Allait sur lui mettre la main,/Il plonge dans le précipice/ Avec un grand cri: ‹Libre enfin!›»; Paul Budry: La véritable complainte du faux-mon- nayeur Farinet (Holzschnitte von Robert Héritier), Lausanne 1971, Vers XXIX.

189 Maurice Chappaz: Die Walliser. Dichtung und Wahrheit, Zürich 1982, S. 25/26.

190 Pascal Thurre, Gespräch mit Willi Wottreng im Herbst 1991.

191 Pascal Thurre: Farinet. Selon Ramuz, la légende et l'histoire, Saillon o. D., S. 84.

192 Clotert/Crettol, siehe oben, S. 56.

193 Korrespondent, «Kleine Mitteilungen», NZZ, 5. Juli 1880.

194 Ohne Autorhinweis, «Unglücksfälle und Verbrechen», NZZ, 7. November 1881.

195 Gespräch mit Pascal Thurre im Herbst 1991; sowie: «Der berühmte Falschmünzer Farinet SAC-Ehrenmitglied», Walliser Bote, 29. September 1986.

196 Unterhaltung bei einem kleinen Empfang in der Maison du Diable in Sion, 2002, aufgeschrieben und vom Buchautor stilisiert ex post.

197 «Malfaiteur»; siehe: Alain Bagnoud: Saint Farinet (mit einem Nachwort von Gabriel Bender), Vevey 2005, S. 7.

198 Gabriel Bender: «Devenir messie», in: Alain Bagnoud: Saint Farinet (Nachwort), Vevey 2005, S. 75–91.

199 E-Mail-Auskunft des Ameisenforschers Donat Agosti, Bern, vom 21. November 2007.

200 Erfassung des Textes: Willi Wottreng: «1 Million in Tausendern ist 14 cm hoch», NZZ am Sonntag, 26. Mai 2002.

201 (Zu Quellenverzeichnis, Pellouchoud-Brief:) In dieser Briefedition gibt Donnet für Pellouchoud den Vornamen Maurice-Fabien an (S. 261 Anm. 3) mit den Lebensdaten 1844–1908 und der Berufsbezeichnung: Landwirt bzw. mit der Funktion: Gemeinderat aus Villette; in der Edition der Prozessakten nennt er ihn Maurice-Damien mit denselben Lebensdaten und fügt als Bezeichnung hinzu: Landwirt, Gemeindesekretär aus Villette (Donnet Dossiers, S. 562).

Chronologie

1845
17. Juni   Farinet wird in der Gemeinde Saint-Rhémy – in Italien jenseits des Grossen St. Bernhards, zuoberst im Aostatal – geboren.

1860
5. Mai   Der erste Eisenbahnzug erreicht vom Genfersee her den Walliser Kantonshauptort Sion.

1863
Seit Herbst   Beginn der Arbeiten zwischen Fully und Saxon zur Eindämmung der Rhone, die periodisch Überschwemmungen verursacht.

1865
Juni   Für die Bäder von Saxon bildet sich eine neue Betriebsgesellschaft, das Glücksspiel wird eingeführt.
Dezember   Die Verwaltungsratsmitglieder der Kantonalbank nehmen von der Liquiditätskrise der Bank Kenntnis.

1867   In Fully im unteren Rhonetal bricht die Cholera aus.

1868
6.–8. September   Grosse Einweihungsfeierlichkeiten für die Eröffnung des Eisenbahnstreckenstücks bis Sierre.

1869

Ca. August Farinet beginnt in der Gemeinde Bagnes –
im Wallis – zu leben und zu wirken.

14. Oktober Im Aostatal (Italien) wird Farinet in Abwesenheit
wegen Diebstählen zu 18 Monaten Gefängnis verurteilt.

18. Dezember Nach vergeblichen Hausdurchsuchungen im Ort
Champsec im Bagnestal wird eine Untersuchung gegen Farinet
eingeleitet.

1870

November Am Jahrmarkt tauchen in Martigny grosse Mengen
von Zwanzigräpplern auf.

28. Dezember Infolge des Zusammenbruchs der Walliser
Kantonalbank tritt Staatsrat Alexis Allet zurück.

1871

12. Januar Die Schalter der Kantonalbank werden wegen
der Liquiditätskrise des Instituts geschlossen.

24. Januar Farinet wird in Martigny-Bourg verhaftet.

Februar/März Rund 1000 Soldaten der Bourbaki-Armee
werden im Wallis interniert.

5. Juli Farinet wird in Martigny-Ville wegen Falschmünzerei
zu vier Jahren Gefängnis verurteilt.

13. August Erste Flucht Farinets aus dem Gefängnis von Sion,
zusammen mit fünf weiteren Häftlingen.

21. August Farinet wird von der Polizei gefasst auf dem
Maiensäss seines Freundes Maret im Weiler Fionnay.

1872

9. Juli Farinet entflieht erneut aus dem Gefängnis in Sion.

21. September Ankunft der ersten Maschinenkassette
im Bahnhof Saxon im Rhonetal.

Im Dezember Beginn der Geldproduktion in Fully im Rhonetal, nahe bei Saxon.

1873
7. Februar Anzeige des Casinobesitzers Joseph Fama in Saxon gegen Farinet.
6. März Farinets Freundin Marie-Adelaïde heiratet einen anderen Mann, Augustin Mochettaz.
10. Juni Farinet wird in Martigny in Abwesenheit verurteilt, zu weiteren 5 Jahren Gefängnis.
22. September Verhaftung Farinets in seiner Heimatgemeinde Saint-Rhemy in Italien, es folgt eine lange Untersuchungshaft.

1874
11. März Marie-Célestine Adèle Mochettaz, die Tochter Farinets, wird geboren.
19. April Die Walliser lehnen in der Volksabstimmung die neue Bundesverfassung ab, von der Mehrheit der Schweizer Stimmberechtigten wird sie angenommen.

1875
Mai Eine Ständeratskommission diskutiert die Einziehung von 20-Rappen-Stücken.
16. Juli Ein Gericht in Ivrea (Italien) verurteilt Farinet wegen Falschgeldproduktion zu 30 Jahren Zwangsarbeit.
26. November Neue Walliser Kantonsverfassung, die Anpassungen an die Bundesverfassung festschreibt.
Dezember Farinet bricht aus dem Gefängnis von Ivrea aus.

1876
Herbst Eine Prägemaschine wird von Vevey ins Wallis gebracht und entwischt der Polizeikontrolle in Martigny.

1877

Sommer Farinet wird wieder im Wallis gesehen, er logiert im Maiensäss seines Freundes Maret in Fionnay im Bagnestal.

1878

Anfang März Farinet ist am Karneval in Bagnes, wo er Falschgeld wechselt; Beginn eines neuen Verfahrens.

Mai Erster bewaffneter Zusammenstoss Farinets mit der Polizei im Bagnestal, Revolverschüsse fallen.

24. Mai Anonymer Artikel im «Confédéré» über eine grosse Geldfälscherassoziation im Bagnestal.

25. Juni Farinets Flucht, zusammen mit Marie Maret-Cretton, der Ehefrau seines Freundes Maret.

22. Juli Bericht über den Fund von Teilen der Prägemaschine im Fluss Dranse durch die Behörden.

27. Juli Der schweizerische Bundespräsident verlangt Farinets Verhaftung.

9. August Marie Maret-Cretton bricht die Flucht ab und stellt sich dem Gericht.

4. September Die Walliser Regierung setzt eine Kopfprämie von 400 Franken auf Farinet aus.

1879

5. Februar Anzeige, dass Farinet sich wieder in der Gegend von Fully befinde.

Fasnacht In Le Châble im Bagnestal wird die Farinet-Operette von Charles Michellod aufgeführt.

18. Juli Urteil im Bezirk Entremont, Farinet wird in Abwesenheit zu 6 Jahren Gefängnis verurteilt.

23. Oktober Italiens Botschafter fragt den Bundesrat nach Farinets Aufenthalt.

1880

17. Februar   Gewaltsamer Zusammenstoss der Polizei mit Farinet oberhalb von Saxon.

21. Februar   Das Walliser Justizdepartement verhängt ein Redeverbot, Beginn der Treibjagd.

13. April   Ein Dutzend Gendarmen nimmt bei Saillon Aufstellung.

17. April   Farinets Leiche wird in der Salentze-Schlucht bei Saillon gefunden.

Quellenverzeichnis

Gespräche

Gespräch mit Albino Mochettaz – Urenkel Farinets, im Weiler Ronc in der Gemeinde Saint-Rhémy (Aostatal, Italien), August 1993, Tonbandprotokoll.

Gespräche mit Pascal Thurre – ehemaliger Journalist und Gründer der «Amis de Farinet», Saillon und Sion, vor allem Herbst 1991, Sommer 1993, Frühjahr 2008.

Archive und ungedruckte Quellen

Staatsarchiv des Kantons Wallis, Sion
Akten aus dem Strafgericht von Martigny/St. Maurice; Bestand-Nr. 1807–2006/44; enthaltend:

– Farinet und Falschmünzer in Bagnes, Bezirk Martigny und anderswo 1846–1880, aus dem Prozess gegen Joseph-Samuel Farinet 1879.

– Prozess gegen Joseph Samuel Farinet, François Frachebourg, Louis Luisier.

– Verfahren gegen die Hehler und Komplizen des Falschmünzers Farinet, März 1880.
Ich habe den Aktenbestand im Archiv in Martigny konsultiert. Seither ist der Bestand ans Staatsarchiv überführt worden, wo er bei Herausgabe des Buches neu erfasst wird.

Akten aus den früheren Prozessen gegen Farinet – Anfang 1870er Jahre –, die ich nicht im Original konsultiert habe, sondern in der publizierten Form bei André Donnet (siehe «Edierte Quellen»); auch diese Akten werden im Zeitpunkt der Herausgabe des Buches erst archivalisch erschlossen.

Korrespondenz des Walliser Justiz- und Polizeidepartementes, Eingänge/Correspondance du Département de Justice et Police du Valais, Lettres reçues; Bestand-Nr. 5030-2; enthält u.a.:

- Polizeikommandant Théodore de Sépibus an den Staatsrat: «Farinet, rapport de sa fin tragique», o. D. (April 1880), (Nr. 152).

- Bericht des Gefängnisdirektors Murmann von Sion an den Vorsteher des Walliser Justiz- und Polizeidepartementes, 16. August 1871 (Nr. 303).

- Sechs Briefe des Bundesrates an den Staatsrat des Kantons Wallis: vom 27. Juli 1878 (Nr. 243), vom 9. August 1878 (dieselbe Nr. 243), vom 27. August 1879 (Nr. 119), vom 5. September 1879 (Nr. 217), vom 24. Oktober 1879 (Nr. 319), vom 16. März 1880 (Nr. 69).

Korrespondenz des Walliser Justiz- und Polizeidepartementes, Ausgänge/Correspondance du Département de Justice et Police du Valais, Lettres expédiées; Bestand-Nr. 5030, 3.1.

Allet, Alexis: «Pour les frères Maurice, Antoine et Louis Vaudan» (Plädoyer, 20 Seiten, Fotokopie des Manuskripts), Ulrichen, Juli 1879, Anhang zum Protokoll des Strafverfahrens am Gericht von Entremont gegen Farinet und seine Komplizen, vom 7. März 1878 bis 19. Juli 1879, Bestand-Nr. Ph a 53.

Haftregister des Kantonsgefängnisses (Sion)/Registre d'écrou du Pénitencier cantonal 1859–1882; Bestand-Nr. 5090-30 (Band 1).

Schweizerisches Bundesarchiv
Dossier Nr. 170, «Fabrikation und Ausgabe falscher Münzen, 1851–1914», in: Bestand E 12(-) Band 21, Akzession 1000/36, Band 21 (enthält u. a. Korrespondenz zwischen dem Schweizerischen Bundesrat und dem Walliser Staatsrat).
Sitzungsprotokolle des Schweizerischen Bundesrates betreffend die Falschgeldaffäre im Wallis:
24. Januar 1879, Geschäft Nr. 412, E 1004.1 1000/9, Bd. 116 (Jan 1879)
27. September 1879, Geschäft Nr. 5288, E 1004.1 1000/9, Bd. 118 (Sept. 1879)
24. Oktober 1879, Geschäft Nr. 5810, E 1004.1 1000/9, Bd. 119 (Okt 1879)
29. Dezember 1879; Geschäft Nr. 7079, E 1004.1 1000/9, Bd. 199 (Dez. 1879)

Archiv CREPA
Brief von Maurice Carron, Notar, an den Gerichtspräsidenten Fidèle Joris in Orsières, Bagnes, 5. August 1878, bei: CREPA, Centre régional d'Etudes des populations alpines, Sembrancher, Rubrik Farinet.

Edierte Quellen
Donnet, André (Herausgeber): Farinet devant la justice valaisanne 1869–1880. Dossiers de procédure pénale (2 Bände), Martigny 1980. (Zitiert: Donnet Dossiers)
Allet-Zwissig, Danielle: «L'affaire Farinet dans la presse valaisanne contemporaine (1870–1881)», in: Annales Valaisannes, Sion 1880, S. 3–83. (Zitiert: Allet-Zwissig Presse)

Darstellungen zur Farinet-Geschichte

Allet-Zwissig, Danielle: «Farinet et sa légende», in: Histoire et légende, six exemples en Suisse romande: Baillod, Bonivard, Davel, Chenaux, Péquignat et Farinet, Société d'histoire de la Suisse Romande (Hrsg.), Lausanne 1987, S. 73–99.

Les Amis de Farinet (Herausgeber): Farinet l'insoumis (Idee Pascal Thurre, Redaktion Raphaël Roduit und Tharcisse Crettol), Saillon 2002. (Es handelt sich um eine erweiterte Neuausgabe von: Pierre Clotert: Farinet l'inconnu, St-Maurice 1968.)

Bagnoud, Alain: Saint Farinet (Nachwort von Gabriel Bender), Vevey 2005.

Bericht der Kommission des Ständerates über die Geschäftsführung des Bundesrates und des Bundesgerichtes sowie über die Staatsrechnung vom gleichen Jahre, vom 31. Mai 1875 (in: Protokolle des Nationalrates nach dem Protokoll der Sitzung vom 21. Juni 1875) (Abschnitt V: Geschäftskreis des Finanz- und Zolldepartementes, ohne Seitenzahl); Bundesarchiv Bestand E 1301(-), Akzession 1960/51, Nationalrat, Band 58, Juni–Juli 1875.

Budry, Paul: La véritable complainte du faux-monnayeur Farinet (Holzschnitte von Robert Héritier), Lausanne 1971.

Chavannes, Fernand: Bourg St-Maurice (Comédie en 3 actes), Genf 1992.

Clotert, Pierre (Pseudonym für Tharcisse Crettol, Kapuzinermönch): Farinet l'inconnu, St-Maurice 1968.

Donnet, André: La véritable histoire de Joseph-Samuel Farinet, faux-monnayeur, Lausanne 1980.

Pellouchoud, Maurice-Fabien: Brief an Louis Courthion, Bagnes, 5. März 1898, in: André Donnet: «L'affaire Farinet à Bagnes, évoquée par l'un des complices ... vingt ans après», in: Dialectologie, histoire et folklore (Mélanges offerts à Ernest Schüle pour son 70e anniversaire), Bern 1983, S. 261–269; Brief S. 263–269.[201, Anmerkung S. 133]

Périllard, Valérie: Joseph-Samuel Farinet. Vom historischen Falschmünzer zum sagenumwobenen Helden (Lizenziatsarbeit am Volkskundlichen Seminar der Universität Zürich), März 1987 (Institut für Populäre Kulturen der Universität Zürich).

Ramuz, Charles Ferdinand: Farinet oder das falsche Geld, (Limmat-Verlag) Zürich 1986.

Schwaar, Hans-Ulrich: Farinet. «Farinet ou la fausse monnaie», i ds Bärndütsch übertriit vom H. U. Schwaar, Bern 1984.

Thurre, Pascal: Farinet. Selon Ramuz, la légende et l'histoire (Schauspiel, aufgeführt in Sion 1985 und 1986), Saillon 1986.

Tschopp, Simon / Varenne, Daniel: Farinet (Comic; mit einem Vorwort von Pascal Thurre), Lausanne 1989.

Wottreng, Willi: Farinet. Die phantastische Lebensgeschichte des Walliser Geldfälschers Joseph-Samuel Farinet, der grösser war tot als lebendig, Oder wie die Schweiz zu einem neuen Nationalhelden kam, Carouge / Neu-Allschwil 1995.

bzw. Wottreng Willi: Farinet. L'extraordinaire histoire du faux-monnayeur valaisan Joseph-Samuel Farinet qui fût plus grand mort que vivant, Ou comment la Suisse a gagné un nouveau héros national, Carouge / Neu-Allschwil 1995.

Zeitungen und Zeitschriften

Gazette du Valais, ab 1875 Nouvelle Gazette du Valais (Zeitung der Christlich-Konservativen; dreimal pro Woche bis 1870, danach zweimal wöchentlich).

Le Confédéré (Zeitung der Radikalen bzw. Freisinnigen, zweimal wöchentlich bis 1877; wöchentlich bis 1881, danach wieder zweimal wöchentlich).

L'Ami du Peuple (Organ der Klerikal-Konservativen; seit Ende 1878).

Walliser Bote (Deutsch-Walliser Zeitung; wöchentlich ab 1879).

Annales Valaisannes (seit 1926).

Cahiers Valaisans (seit 1929).

Treize Etoiles (seit 1951).

Einzelne Zeitungsartikel (20. und 21. Jahrhundert)

B. (Bertrand, Jules-Bernard): «La véritable histoire de Farinet. Encore lui!» In: Le Confédéré vom 9. September 1938 und vom 12. September 1938.

Burgauer, Arnold: «Unveröffentliches über Farinet», in: Neue Zürcher Zeitung, Nr. 235, vom 13. Februar 1944.

Kaempfen, Werner: «Der Farinet der Geschichte und der Farinet der Walliser», in: Der kleine Bund, vom 13. Oktober 1944.

Troillet, Edmond: «Quand Farinet fut condamné par le tribunal d'Entremont», in: Nouvelliste Valaisan vom 11. September 1938.

Derselbe: «La dramatique existence de Farinet le faux monnayeur», in: Nouvelliste Valaisan vom 17. September 1938.

Wottreng, Willi (Text), Walder, Urs (Fotos): «Farinet, der Geldfälscher – ein Schweizer Mythos», in: Neue Zürcher Zeitung (Wochenende), 31. Juli 1992.

Walliser Geschichte und einzelne Themen

Anet, Daniel: «Rencontre avec le Déserteur», in: Annales Valaisans, Sion 1965, S. 373–408.

Arbellay, René: Le Valais. Choniques illustrées de la préhistoire au XXIe siècle, Loye-Grône 2005.

Bourquin, Marie-Hélène: Le procès de Mandrin et la contrebande au XVIIIe siècle (In: Bourquin, Marie-Hélène et Hepp, Emmanuel: Aspects de la contrebande au XVIIIe siècle), Paris 1969.

Cayrol Annabelle/Chevalley Josyane: Courbet. L'Insoumis, Paris 2007.

Chappaz, Maurice: Die Walliser. Dichtung und Wahrheit, Zürich 1982.

Courbet et la Suisse (Begleitpublikation zur Ausstellung im Château von La Tour-de-Peilz; Texte: Pierre Chessex), 1982.

Cingria, Hélène: Ramuz, notre parrain, Biel 1956.

Darbellay, Auguste und andere: Récits, contes et légendes des Dranses. Bagnes, Entremont, Ferret (Ouvrage collectif), Sierre 2006.

Delaloye, Michel: Gisements et mines du Valais (Einführung zur Ausstellung der Fondation Bernard et Suzanne Tissières), Martigny 2002.

Fernier, Robert: La vie et l'oeuvre de Gustave Courbet, Lausanne 1978.

Giono, Jean: Le Déserteur, Paudex/Lausanne 1966.

Gross, Louis: Gerbes poétiques (mit einem Vorwort von Staatsrat Henri Bioley), Genf 1882.

Gruner, Erich: Schweizerische Bundesversammlung 1848–1920 (2 Bände), Bern 1966.

Hobsbawm, Eric J.: Sozialrebellen. Archaische Sozialbewegungen im 19. und 20. Jahrhundert, Neuwied am Rhein 1962.

Hobsbawm, Eric J.: Die Banditen. Räuber als Sozialrebellen, München 2007.

Kaschnitz, Marie-Louise: Gustave Coubet, Baden-Baden 1949.

Loertscher, Walter: La police cantonale valaisanne 1815–1990/Die Walliser Kantonspolizei 1815–1990, Sion 1989.

Marclay, Robert: C. F. Ramuz et le Valais, Lausanne 1950.

Marguerettaz, Anselme-Nicolas: Mémoire sur le Bourg de Saint-Rhémy, Turin 1983.

Métrailler, Marie: Die Reise der Seele. Die Lebensgeschichte der Marie Métrailler (Hg. Marie-Magdaleine Brumagne), Zürich 1982.

Michellod, Stéphane: Sur les traces de … La Société des guides et porteurs d'Orsières, Sierre 1999.

Michoud, Roger: De Fully au Pays des Dranses. Transhumances, contes et légendes, Sierre 2001.

Montangero, Jacques: Saxon-les-Bains, ou la rénommée perdue. Biographie de Joseph Fama 1813–1882, Sierre 1992.

Olsommer, Bojen: Banque cantonale du Valais, 1858–1894/1917–1967, Sion 1968.

Pellouchoud, Alfred: «Une famille de Bagnes en Amérique – Les Deléglise», in: Annales Valaisannes, Sion 1955, S. 314–355

Perrin, Paul: «Les débuts du chemin de fer en Valais», in: Annales valaisannes, Sion 1961, S. 61–204.

Perrin, Paul: «Le chemin de fer en Valais (1850–1963)», in: Annales valaisannes, Sion, 1965, S. 307–324.

Pittard, Jean-J. und Petit-Pierre, Jean-L.: La source thermale de Saillon et les voûtes de la Salentze, Genf 1940.

Quaglia, Lucien: La Maison du Grand-Saint-Bernard des origines aux temps actuels, Martigny 1972.

Di Ricaldone, Aldo: Saint-Rhémy-en-Bosses. Dalla civiltà di Roma all'età del comune, Saint-Rhémy-en-Bosses 1990.

Romeo, Pietro: Giuseppe Musolino. Il giustiziere d'Aspromonte, Reggio Calabria 2003.

Salamin, Michel: Le Valais de 1798 à 1840, Sierre 1878.

Société d'histoire du Valais romand (Hrsg.), Philippe Curdy und andere: Histoire du Valais (4 Bände), Annales Valaisannes 2000–2001, Band III, Sion 2002.

Tissot, Victor: La Suisse inconnue (14. Ausgabe), Paris 1888.

Troillet-Boven, Anne: Ce temps qu'on nous envie. Souvenirs et propos sur Bagnes, Sierre 1982.

Wallis, Kanton:

Bulletin officiel du Canton du Valais, 1868–1881 (Schweizerische Nationalbibliothek).

Bulletin des séances du Grand-Conseil du Canton du Valais, 1868–1881 (Schweizerische Nationalbibliothek).

Rapports du Conseil d'Etat du Canton du Valais, 1879–1881 (Schweizerische Nationalbibliothek).

Film

Haufler, Max (Regie): L'Or dans la Montagne. Mit Jean-Louis Barrault und Suzi Prim. Musik von Arthur Honegger und Arthur Hoérée, 1939.

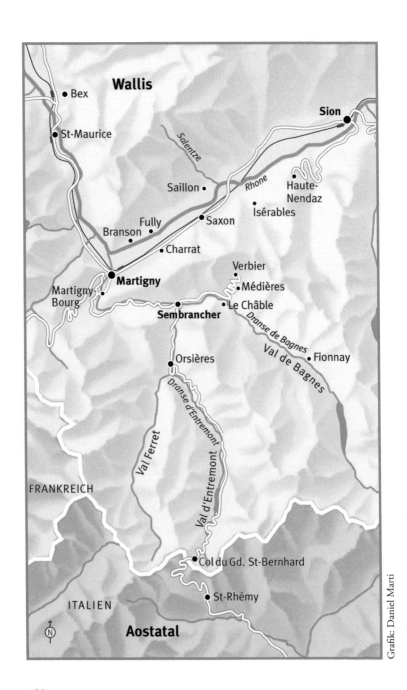

Grafik: Daniel Marti

150

Gemälde, das Farinet kurz vor seinem Tod
darstellen könnte. (Siehe Kapitel «Vom
schönen Jungen zum jungen Greis», S. 93 ff.).

Foto: Jean-Claude Campion

Danke

Ich danke

Gertrud Germann, meiner Partnerin, für die Unterstützung und
Begleitung auf meinen Abenteuern

Urs Walder, für die gemeinsame Arbeit im Wallis und für
seine Fotos
Joseph E. Hanhart, der die Erstausgabe des Buches besorgt hat
Roger Cottier, für Freundschaftsdienste im Zusammenhang mit
diesem Buchprojekt
Pascal Thurre von den «Amis de Farinet», für Gespräche, Führun-
gen und Hinweise
Staatsarchiv des Kanton Wallis, für Akteneinsicht und
Beratung
Crepa, Regionales Studienzentrum für alpine Bevölkerungen
in Sembrancher, für Dokumente
Regula Bähler, Medienanwältin, und dem Verband der Autorinnen
und Autoren der Schweiz für juristische Unterstützung
sowie den Mitarbeitenden des Café du Soleil in Saignelégier, wo
ich den Text geschrieben habe.

Weitere Titel von Willi Wottreng
aus dem Orell Füssli Verlag

Willi Wottreng

Deubelbeiss & Co.

Wie ein Gangsterduo die Schweiz in Schrecken versetzte

Deubelbeiss & Schürmann waren die gefürchtetsten Gangster nach
dem Ende des Zweiten Weltkrieges in der Schweiz: zwei junge Arbeiter, die sich in die Idee verbohrt hatten, dass es ihr Recht sei,
den Kapitalisten das Kapital wegzunehmen. Ein Fall für Willi Wottreng, den Spezialisten für spannende Porträts von den Rändern
der Gesellschaft.

Die Täter ermordeten 1951 den Bankier Bannwart. Es war das Ende
des missglückten Versuchs, in Zürich eine Bank auszurauben. Kurz
danach versuchten sie, die Post im aargauischen Dorf Reinach zu
leeren. Sie feuerten sich den Weg mit Maschinenpistolen frei, und
es kam zur größten Schießerei der Schweizer Kriminalgeschichte.
Der Fall machte klar, dass die Schweiz keine friedliche Insel mehr
war – das Gewaltverbrechen vom «Chicago-Typ» hatte Einzug gehalten. Die Geschichte von Deubelbeiss & Co. wird nach den
Originalakten und Interviews mit Zeitzeugen erstmals und äußerst
spannend erzählt.

232 Seiten, gebunden, ISBN 978-3-280-06095-7

orell füssli Verlag

Willi Wottreng

Die Millionärin und der Maler

Die Tragödie Lydia Welti-Escher und Karl Stauffer-Bern

Es war die große Tragödie der jungen Schweiz: Die Millionenerbin
Lydia Escher, Tochter des Eisenbahnkönigs Alfred Escher und
Schwiegertochter des Bundesrates Welti, und der Maler Karl Stauffer gehen Mitte der 1880er-Jahre eine Liaison ein, die einen Skandal hervorruft.

Als die beiden in Italien ihre Leidenschaft füreinander ausleben,
intervenieren der schweizerische Gesandte und die Landesregierung. Lydia Escher wird ins Irrenhaus gesteckt, Stauffer ins Gefängnis. Zurück in der Schweiz, stirbt Karl Stauffer an einer Überdosis
Medikamente. Ein Jahr nach dem Tod ihres ehemaligen Geliebten
öffnet sie den Gashahn.

Die Geschichte wird aufgrund der Originaldokumente neu erzählt.
Willi Wottreng liefert mit ihr ein großes Panorama von Gesellschaft
und Politik zur Zeit der Belle Époque

232 Seiten, gebunden, ISBN 978-3-280-06049-0

orell füssli Verlag